アクティブ・ラーニングを位置づけた

中学校……英語科の授業プラン

巽 徹 編著

明治図書

は じ め に
Introduction

　本書を手に取っていただきありがとうございます。何かの思いが，この本へ手を伸ばさせたことと思います。しかし，その思いは，様々なのではないでしょうか。

　「最近，アクティブ・ラーニングって耳にするけど，いったい何？」

　「あぁ，アクティブ・ラーニングね…，でも，英語科で言うアクティブ・ラーニングって，どのような授業をすればいいの？」

　「自分は，アクティブ・ラーニングを実践しているつもりだけど，自分流のアクティブ・ラーニングでいいのかな？　他の先生方の実践が知りたい。」

　「アクティブ・ラーニングの実践を進めているけど，もう少し充実させていきたい。何かいいヒントはないかな？」

　本書では，皆さんの様々な思いにお応えできるよう，実際に取り組まれた多くの実践事例を通して，「アクティブ・ラーニング」について考えていきたいと思います。

キーワード先行ではなく

　これまで長く英語教員として実践を積まれ，何度かの学習指導要領の改訂時期を過ごされてきた方の中からは，「学習指導要領が改訂されるたびに，何がしか，新しいキーワードが登場するんですよね…」といった声も聞かれます。学習指導要領の改訂は，おおむね10年ごとに行われているとはいえ，オリンピックの開催と異なり，時期が来たから改訂しようというものではないはずです。社会の変化や時代のニーズがあっての改訂ですから，その時々の改訂の特徴をとらえた「キャッチフレーズ」のようなものが登場してくることは理解できます。しかし，「キャッチフレーズ」に踊らされるのではなく，その本質をとらえて，目の前の生徒たちの将来を見据えて，それぞれの実践を進めていくことが大切なのだと思います。

Having said that…

　とはいえ，いったい「アクティブ・ラーニング」とはどのようなものなのか，そのイメージをつかむために，中教審の大学教育に関する答申（2012）の用語集に説明されている「アクティブ・ラーニング」の定義から「キーワード」を取り上げてみましょう。

　「一方的な講義形式の教育ではない」，「学修者が能動的に学修する」，「汎用的能力の育成」，「発見学習，問題解決学習，体験学習，調査学習」，「グループ・ディスカッション」，「ディベート」，「グループ・ワーク」

　このような「キーワード」を見ると，あちこちから「アクティブ・ラーニング」についての様々な声が聞こえてきそうです。とある中学校の若手英語教師とベテラン英語教師の「アクテ

ィブ・ラーニング」にまつわる会話に聞き耳を立ててみましょう。

若手教師　　センパイ，うちの学校「アクティブ・ラーニング」始めますか？

ベテラン教師　「アクティブ・ラーニング」って？　何，それ？

若手教師　　今，話題ですよ。「一方的な講義形式じゃない授業」とかって言われてますよ。

ベテラン教師　「一方的な講義形式」って？　教師が説明するだけの授業って，英語科である？

若手教師　　僕の授業でも，活動とか入れてますし，ペア・ワークとかやってますよ。

ベテラン教師　じゃ，それで十分じゃないの？　つまり，学習者主体の学びになればいいんでしょう！

若手教師　　センパイ，「学しゅう者」って漢字で書けますか？

ベテラン教師　あのね，英語教員だけど優しい漢字は知ってるよ！

若手教師　　「学しゅう」の「しゅう」は，修学旅行の「修」ですよ！

ベテラン教師　えぇ!?　「習う」のじゃなくて「修める」方？

若手教師　　教えてもらって，覚えて終わりではない感じですよね。

ベテラン教師　もちろん，しかも，もう少し「能動的」に学んでいるイメージかな。

若手教師　　英語は，言葉ですから「知っている」だけではだめで，「使える」ところまで行く感じですかね。今でも，それは目指していますけど…。

ベテラン教師　それは，そうだね。でも，「使う」とはいっても，「何のために」「どのように」使うかも考えながら英語を使っているということかな？　そうなると，結構深いな…。

若手教師　　今までの僕の授業だと，一から出直さないといけませんかね？

ベテラン教師　君の授業，生徒が活発に英語を使っているし，アクティブだと思うよ。今度，教科部会の研究授業あるから，「アクティブ・ラーニング」やって見せてよ。みんなで，勉強しに行くから！

若手教師　　ちょっと，待って下さい！　一緒に考えてくださいよ！　「協働的に学ぶ」のも「アクティブ・ラーニング」の鍵らしいですよ!?　「協働」して「アクティブ・ラーニング」を作っていきましょうよ！

　　　　　　（会話は，さらに続く…）

　このような会話が，あちこちで行われているのかもしれません。しかし，キーワードを拾い集めて，イメージだけで「アクティブ・ラーニング」を語るのではなく，実際の英語授業の様々な場面における「アクティブ・ラーニング」の実践例を通して，生徒が「何を目指して」「どのように学んでいくか」そこにどのような学びの場を作っていくのかということを一緒に考えてみたいと思います。本書が，そのための一つのきっかけになれればありがたいと思います。

2016年7月　　　　　　　　　　　　　　　　　　　　　　　　巽　徹

もくじ
Contents

はじめに

第**3**章 アクティブ・ラーニングを位置づけた
中学校英語科の授業の評価

第1章

アクティブ・ラーニングを位置づけた中学校英語科の授業づくり

1

1 ｜ アクティブ・ラーニングとは何か

❶ 小中高大を結ぶ「アクティブ・ラーニング」

「アクティブ・ラーニング」という学習スタイルは，もともと，大学教育改革の一つの方策として取り上げられたものです。中教審の大学教育に関する答申（2012）の中で，次のように定義されています。

> 教員による一方的な講義形式の教育とは異なり，学修者の能動的な学修への参加を取り入れた教授・学習法の総称。

その後，初等中等教育に関する中教審への諮問（2014）にも「アクティブ・ラーニング」やその指導方法の充実に関する内容が盛り込まれました。それを受けて，教育課程特別部会の論点整理（2015）では，初等中等教育においても，生徒が「課題の発見・解決に向けた主体的・協働的な学び」を行うこと，つまり，「アクティブ・ラーニング」を取り入れることの意義などについて議論された内容がまとめられるに至った経緯があります。いずれにしても，今後，小中高大いずれの段階でも「アクティブ・ラーニング」による学びが実施され，学びの量とともに，その質や深まりが期待されることになるわけです。「アクティブ・ラーニング」による小中高大の連携が目指されることになります。

❷ 言語活動の充実による学びの改善

では，「アクティブ・ラーニング」による学びとは，具体的にはどのような教授法・学習法をイメージすればよいのでしょうか。「一方的な講義形式」のみで学習が完結されるような学び方とは異なるわけですので，学習者が主体的・協働的に学び，深い理解や技能の熟達を目指すものといえます。特に，英語科においては，「言語活動の充実を通じて，言語材料の定着を図り，コミュニケーション能力の基礎を育成する」ことが現行の学習指導要領（2008）でも強調されていますから，英語を用いた言語活動を充実させる主体的・協働的な学びを目指すということになります。

「言語活動」といえば，文部科学省（2012）の資料である「思考力，判断力，表現力等を育

むために例えばこんな言語活動で授業改善」に示されている様々な言語活動の例が思い出されます。ペアやグループで意見交換しながら考えを深めたり，プレゼンテーションやディベート的な活動で発表・討論を行ったり，レポートや新聞の作成，ICT を活用したまとめを行ったりして，豊かな言語活動を行うことで授業の改善を図ってはどうかという提案がなされたものです。ここに示された様々な言語活動は，英語以外の教科では，日本語で行うことを想定したものなのですが，それらを取り入れ，学習者が主体となった学び「アクティブ・ラーニング」を実施しようとしているわけです。英語科においては，これらの言語活動を目標言語である「英語」で行い，充実させることが，英語科におけるアクティブ・ラーニングを考える一つのヒントになりそうです。

❸英語授業は「アクティブ・ラーニング」そのもの？

現在，多くの中学校英語授業では，前述の資料に示されたようなペア・ワーク，グループ・ワークが用いられ，英語によるプレゼンテーションや英語でミニ・ディベートなどを行う授業も見られます。つまり，これまでも英語科の授業では，知識の伝達のみに偏った「一方的な講義形式」の授業ではなく，実際に英語を用いながら理解を深め定着を図り，英語を用いて発信する授業実践が目指されてきたのです。その意味では，英語の学びそのものが「アクティブ・ラーニング」であるととらえられるかもしれません。

しかし，改めて英語科授業において「アクティブ・ラーニング」を考えたときに，従来の指導を見直す必要がないということではありません。「アクティブ・ラーニング」とは，ペア・ワーク，グループ・ワークといった学習形態だけを指すのではなく，そこで，学習者自身にどのような「学び」が起きているかに注目する必要があるからです。「論点整理」（2015）では，「アクティブ・ラーニング」を考える上で，次のような3つの視点に立って，学びの改善を図るということが述べられています。

ⅰ）習得・活用・探究という学習プロセスの中で，問題発見・解決を念頭に置いた深い学びの過程が実現できているかどうか。

ⅱ）他者との協働や外界との相互作用を通じて，自らの考えを広げ深める，対話的な学びの過程が実現できているかどうか。

ⅲ）子供たちが見通しを持って粘り強く取組み，自らの学習活動を振り返って次につなげる，主体的な学びの過程が実現できているかどうか。

これらの視点に立って，英語授業における言語活動や学びのプロセスをもう一度見直す必要があるのではないかと思われます。

2 | 中学校英語科における アクティブ・ラーニングの位置づけ

❶中学校英語授業における「３つの視点」

　アクティブ・ラーニングを考える視点を簡潔にまとめてみると，「学習のプロセスを重視した深い学び」，「他者との協働による対話的な学び」，「主体的な学び」がポイントでした。また，アクティブ・ラーニングとは，ある特定の学習・指導方法の「型」が決められているものではないことから，これらの視点に立って，一人一人の英語教師が生徒の実態に合わせて様々に工夫した多様な実践を行い，しかも，指導方法について不断の見直しを行うことが大切になってくるわけです。

　では，中学校の英語授業におけるアクティブ・ラーニングを考える上で，先の「３つの視点」を，具体的にはどのようにとらえたらよいでしょうか。

⑴学習のプロセスを重視した深い学び

　英語学習は，単に知識として英語を理解するだけではなく，英語を用いて何かができるようになることを目指しています。先の答申（2012）では，アクティブ・ラーニングにより「汎用的能力」の育成を図るとされていますが，英語科における「汎用的能力」とは，まさに，身につけた英語の知識や技能を広く応用して実際に使用することができる力（コミュニケーション能力）ということができます。

　生きて働く英語力を身につけるためには，実際に英語を「聞くこと」「話すこと」「読むこと」「書くこと」を通して，英語を身につけていくような「学び」が仕組まれていることが大切です。つまり，英語学習において重視されるべき「学習のプロセス」とは，「英語を使いながら定着・発展を目指す」ということになるわけです。しかも，基礎・基本の「理解や定着を目指す学び」においても，英語を用いて「表現・発信を目指す学び」においても，生徒が主体的に関わる「深い学び」の過程が実現されることが求められることになります。

⑵他者との協働による対話的な学び

　英語学習における「他者との協働による対話的な学び」とは，ペア・ワークやグループ・ワークといった単なる学習形態のことのみを指すのではありません。したがって，授業中にペアやグループでの活動があるからといって，それがすなわちアクティブ・ラーニングの学びであ

るということはできないということです。つまり，それぞれの活動の中で，学習者にどのような「学び」がおきているのか，学びの質や深まりが注目されることになります。他者との協働や関わり合いを通して，英語への気づきや理解が深められたり，英語の技能が高められたりするような対話的な学び（「対話的」といっても，単に，dialogue を用いた対話練習ということではありません）ができていることが大切になります。

⑶主体的な学び

　英語授業において，「主体的な学び」を目指すということは，学習のプロセスの中に自律的な学習者を育てる手立てや様々な学習場面で，生徒が能動的に学習する工夫が準備されていることが不可欠です。学習の過程において，学習者自身がそのねらいを理解し，自ら目標を設定し，目標の達成を目指して学びに取り組み，さらに，自らの学びを振り返る機会が意図的に設けられている必要があります。

　上記のことから，中学校英語授業においてアクティブ・ラーニングを実施するためには，次のような視点で英語の学びを見直し，改善していくことが大切になると思われます。

　ⅰ）英語を使いながら定着・発展を目指す，言葉の習得過程を大切にした「学び」の過程が実現できているか。

　ⅱ）他者との協働により，英語への気づきや理解が深まったり，英語の技能が上達したりするような対話的な「学び」の過程が実現できているか。

　ⅲ）学習者が英語で何ができるようになるか見通しを持って学習に能動的に取り組み，学習活動を振り返って次につなげる，主体的な「学び」の過程が実現できているか。

　現在実践されている授業が，上記のような視点に立ってすでに実践されているとすれば，継続してその充実を図ればよいことになります。また，いくつかの視点で不足があったり，部分的にはこれらの視点に合致しているものの学習過程全体を貫く視点として位置づけられていなかったりする場合には，その見直しや改善が必要になるわけです。

❷アクティブ・ラーニング転換への不安

　しかしながら，実際にアクティブ・ラーニング型の授業実践を行おうとするときに，教師の頭をよぎる不安がないわけではありません。たとえば，次のような疑問が浮かんでくることが予想されます。

　「英語授業としては不可欠なドリル的な活動をアクティブ・ラーニングにすることができる

のか？」

「文法知識などをどのようにアクティブ・ラーニングで学ぶのか？」

「教科書本文をどのようにアクティブ・ラーニングで活用するのか？」

「教科書を１ページずつこなしていく指導の在り方から，学習過程全体を見渡した学習デザインへ変換するにはどうしたらよいのか？」

「学習者が自ら目標を持って学ぶには，また，学習者自身に自らの学びを振り返らせる手立ては，どのようにしたらよいのか？」

「アクティブ・ラーニングを可能にするには，どのような英語授業のマネジメント（学びの集団作り）が必要か？」

そこで，本書において，どのようにアクティブ・ラーニングをとらえるか，また，英語学習のどのような場面に注目して生徒が主体的に学ぶアクティブ・ラーニングを考えていくかを整理したいと思います。

中学校英語授業におけるアクティブ・ラーニングとは，「生徒が主体となって，他とかかわり合いながら英語の力を身につける学び」であるといえます。また，その学びの過程においては，「深い学び」「対話的な学び」「主体的な学び」という３つの視点で生徒たちの学びを充実させ，常に改善を図りながら授業づくりを行うことが大切になるということを確認しました。

学習指導要領に示された目標や言語材料，語彙，言語活動のなどの学習内容自体は，学び方の違いによって変化するものではありません。アクティブ・ラーニングを中学校英語授業に取り入れることによって変わるのは，それらの知識や技能を生徒がどのように身につけていくかという学び方の違いです。それぞれの学びの場面を生徒主体の学びの場に変え，生徒が，能動的に学び，身につけた知識や技能を実際に使える「生きて働く英語力」とするための手段としてアクティブ・ラーニングを用いようとしているわけです。

本書では，英語授業における基本的な学習場面をとらえて，それぞれの場面でどのようにアクティブ・ラーニングを実践していくかを考えていきたいと思います。

3 ｜ 本書における
アクティブ・ラーニングのとらえ

　英語授業の基本的な学習場面として，「語彙・文法の学習」・「音読による学習」・「教科書本文を用いた学習」・「各技能の学習」・「複数の技能を統合した学習」などを想定し，それぞれの場面におけるアクティブ・ラーニングの在り方を具体的な事例を示して提案していきます。その際，それぞれの実践事例を，先に示した３つの視点に照らして，どのような学びに重点を置いたアクティブ・ラーニングであるのかを示すために，本書におけるアクティブ・ラーニングを以下のように整理しました。

	学習場面			技能				
	語彙・文法の学習	音読による学習	教科書本文を用いた学習	リスニング	リーディング	スピーキング	ライティング	複数技能統合
英語を使いながら定着・発展を目指す学習のプロセスの中での理解・定着を目指す深い学び								
英語を使いながら定着・発展を目指す学習のプロセスの中での表現・発信を目指す深い学び								
他者との協働で英語への気づき，技能の向上につながる対話的な学び								
学習者自身が見通しを持って能動的，主体的に取組む主体的な学び								

　第２章では，それぞれの授業事例が「特に重視している視点」には「◎」，「重視している視点」には「○」を表の中に示すことで，それぞれの特徴を明らかにしようとしました。

【参考文献】
中央教育審議会（2012）『新たな未来を築くための大学教育の質的転換に向けて〜生涯学び続け，主体的に考える力を育成する大学へ〜（答申）』
小林昭文（2015）『アクティブラーニング入門』東京：産業能率大学出版部
文部科学省（2012）『言語活動の充実に関する指導事例集【高等学校版】』「言語活動を通じた授業改善のイメージ例」http://www.mext.go.jp/component/a_menu/education/micro_detail/__icsFiles/afieldfile/2012/07/04/1322425_02.pdf
文部科学省（2014）『初等中等教育における教育課程の基準等の在り方について（諮問）』
文部科学省（2015）『教育課程企画特別部会 論点整理』
西川純（2014）『クラスと学校が幸せになる『学び合い』入門』東京：明治図書
西川純（2015）『高校教師のためのアクティブ・ラーニング』東京：東洋館出版社
上山晋平（2016）『目指せ！英語授業の達人33　授業が変わる！英語教師のためのアクティブ・ラーニングガイドブック』東京：明治図書
山本崇雄（2015）『はじめてのアクティブ・ラーニング！英語授業』東京：学陽書房

（巽　　　徹）

アクティブ・ラーニングを位置づけた中学校英語科の授業プラン

他者との協働による文法学習

	学習場面			技能				
	語彙・文法の学習	音読による学習	教科書本文を用いた学習	リスニング	リーディング	スピーキング	ライティング	複数技能統合
英語を使いながら定着・発展を目指す学習のプロセスの中での理解・定着を目指す深い学び	●						●	
英語を使いながら定着・発展を目指す学習のプロセスの中での表現・発信を目指す深い学び								
他者との協働で英語への気づき，技能の向上につながる対話的な学び	◎			●		●		
学習者自身が見通しを持って能動的，主体的に取組む主体的な学び	●							

1 授業のねらい

他者との協働・対話の中で新出文型の理解を深める。また，英語の発音・アクセント・イントネーションなどに気をつけた音読をすることができる。

2 授業づくりのポイント

　今回の授業は，新しい文型の導入の時間なのですが，そのときには授業の初めに，いつも行っている帯活動や前時の復習をしてから，生徒に持たせている「授業ノート」を用いて，英文をノートに書いてまとめていきます。そのときに，穴うめのクイズ形式で英文を書くので，生徒は受け身にならず，既習の学習事項や教科書に書いてあることと結び付けながら一生懸命考えようとします。また，わからないときにはまわりの生徒と教え合いながら，すべての生徒ができるまでみんなで助けます。ポイントをノートにまとめた後は，教科書の「おぼえよう！」（基本文）→「聞いてみよう」と活動を移していきますが，どの活動にもペアでの対話や練習，

チェック活動などを入れて，生徒同士が関わる場面を多く設定するようにしています。また，音読や対話の練習をするときには，1年生ではジェスチャーを用いて，音とイメージを結び付けて覚えるような工夫をしています。

3 学習指導案・活動の流れ（50分）

時間	生徒の学習活動	教師の指導・支援
10分	1 英語で挨拶をする。 帯活動をする。（60秒クイズ[1]，クイックQ＆A[2] 等） 今月の歌を歌う。 曜日・日付・天気・時刻を確認する。 今日のめあてを確認する。	・リズムよく行う。 ・楽しく，かつリラックスした雰囲気で行い，英語の授業の空気をつくる。
5分	2 前時に学習した単語・本文の復習をする。	・ジェスチャーをつけて，音と内容を結び付けながら音読する。 ・単語は，つづりの確認もする。
Step 1 15分	3 授業ノートを使って，新出文法の導入をする。	・教師は必要以上の説明を与えない。 ・既習の文法事項の復習を取り入れながら，本時の内容に結び付けていく。 ・書けた生徒は，わからない生徒に教えに行く。
5分	4 教科書の「おぼえよう！」でポイントを確認し，音読練習をする。	・リンキング，発音，強勢，イントネーション，文の区切りを意識しながら，ジェスチャーをつけて音読する。
5分	5 教科書の「聞いてみよう」をする。	
Step 2 7分	6 「おぼえよう！」をペアで暗唱する。 （合格したペアはワーク等をする）	・ジェスチャーをつけて，英語らしい発音やアイコンタクトを意識しながら会話をさせる。
3分	7 今日のめあての振り返りをする。 英語で挨拶をする。	

1）60秒クイズ…ペアで，片方が日本語で問題を出し，もう一方がそれを英語で言う活動。60秒でいくつ言えるかをカウントする。　例）過去形の不規則変化，など

2）クイックQ＆A…ペアで一緒に座り，教師が言う疑問文に対してすばやく答えて起立する。10問行い，早く答えた数が多かったほうが勝ち。毎回ペアを変えて対戦する。

4 授業展開例

❶ Step 1

　新出文法を導入する際には，教師からの一方的な説明にならないように，既習の学習事項を復習しながら新しい文型を導入するような，穴うめのクイズ形式でノートに書かせています。１文書いてはみんなで答え合わせをして次の１文，という繰り返しですが，そのときに，書けた（わかった）生徒はどんどん教室をまわってまわりの生徒にヒントを出したりアドバイスをしたりして協力して問題を解くので，生徒同士の関わりの中で学ぶことができていると感じています。

　例えば今回，一般動詞の過去の疑問文を導入する授業だとすると，教師は何もしゃべらずにまず，I（　　）English every day.（Pr.3-1）とだけ板書します。必ず既習の英文の復習から入ります。生徒は英文をノートに写し，（　　）に入る語を書いて起立します。時制をあらわす語句には下線を引くようにしているので，生徒はいつのこと（現在，過去）の英文なのかを考え，パッと英語を書きますが，答えに迷う生徒は，教師は英文を板書する際に，教科書のどこで習ったのか，または出ているのかを横にヒントで書いているので，すぐに教科書に返るようにさせています。それでもわからずに困っている生徒のところに書けた生徒がどんどん助けにいく，という感じです。

　全員がわかって起立したら，席に座らせ，１人の生徒を指名して英文を読んでもらいます（まわりの生徒はリピート）。そして次の問題に進む，という繰り返しです。生徒は，友だちに教えるときに，（　　）に入る答えそのものを教えるのではなく，どのように考えたらいいのか，教科書のどこを見たらわかるのか，などといろいろな方面からヒントを出そうとします。教師は，教室の前面で生徒の活動の様子を観察し，よい関わりや協力をほめたり，「こんなアドバイスが聞こえてきたよ。いいアドバイスの仕方だね。」などとよい例を取り上げたりすると，またこのような活動をしたときの，生徒のよい動きにつながっていると思います。

　この授業では，現在形の文，３人称単数現在形の文，現在進行形の文，過去形の文，そして過去の疑問文というように，既習の英文からどんどん形を変えて，新しい英文に入っていくようにしました。

❷ Step 2

　１年生は特に，f・v・th などの英語らしい発音や，音のつながり，抑揚などを意識させて，教科書の「おぼえよう！」（基本文）の対話をペアで練習，暗唱させます。しっかり言えるようになったペアは教師のところに来てそれを発表します。教師は，注意点をきちんと意識して言えていたか，アイコンタクトやジェスチャーはどうだったかをしっかりと観察し，○×マシンで合格・不合格を出します。×のときはなぜか理由を言わずに，すぐ次のペアにうつり

ます。合格をもらえなかったペアは，席に帰ってどこがいけなかったのかを自分たちで相談し，また練習し直して教師のところに再チャレンジします。毎回，ペアごとに発音やジェスチャーなどをお互いにアドバイスしながら一生懸命覚えるので，低位の生徒にとっても，有効な練習方法だと感じています。

　今回の授業は新出文法を導入し，教科書の基本文などでそれを練習する授業のパターン，次の時間は単語や本文の内容理解や音読練習の授業パターンと，大きく２パターンで授業を行っています。１時間の中にいろいろな活動をしますが，生徒にそれぞれの授業の進み方が定着しているので，次の活動にスムーズに移行できています。

　授業の中でいつも意識しているのは，それぞれの活動の中で他者との関わりを多くもつことと，教科書の内容にすぐ返るということです。既習事項を何回も出して，そのたびに教科書の該当ページに返って確認する，ということで理解の定着を目指したいと思っています。今まで自分が授業をしてきて，課題に感じていたことの１つに，１回勉強した文法事項をどのように授業の中でスパイラルに練習できるか，ということがありました。いま行っている文法導入の仕方だと，１回学習したことを何回もスパイラルに復習・確認をしていけるので，手ごたえを感じながら授業を行っています。

　また，１年生だからこそより有効だと思い実践しているのがジェスチャーです。１学期の最初から，単語や英文を言うときにジェスチャーをつけながら発音しているので，生徒は音と動きを結び付けながら単語をイメージとして覚えています。だから，単語の読み方や意味を忘れたときも，まわりがジェスチャーで表すと，「あ！」と思い出すことができています。特に低位の生徒は，文字を見たときになかなか自分で発音ができなかったり，意味がわからなかったりするのですが，そういうときにジェスチャーが補助になっているかなと思います。学期末に生徒にとる授業のアンケートでも，ジェスチャーの有効性を挙げている生徒がかなりいるので，継続して実践していこうと考えています。

5 授業の振り返り・評価

　以前は，めあてに対して「わかる・できるようになったこと」「まだよくわからないこと，疑問」などの自己評価を書かせていたこともありましたが，今は授業ごとに生徒自身に振り返りをさせたり，自己評価を書かせたりするのではなく，毎回，授業の最初にめあて（ゴール）を示しているので，授業の終わりにその日に学習したことやポイントをみんなで簡単に振り返り，確認をする，という作業をしています。

　授業で新出文法についてノートを使って導入したときは，その英文についてワークで練習問題をしてくる，本文の内容理解や音読の練習をしたときには，（最低）25回は自分で音読をして，読み方や中身の確認をしっかりとしてくる，など家庭学習を通して，わかったかどうか，読めるかどうかなどの振り返りをさせています。

学期に１度，CAN-DO リストを用いたチェックや，英語の授業や自分の取り組みを振り返る自己評価カードを書かせています。

6 家庭学習の工夫

新出文法を導入した授業の際の宿題は，生徒に持たせているワークの該当ページを宿題とし，自分で問題を解いて，丸つけをしてくるところまでをさせています。そして，次の授業のときに，列ごとに１人１文ずつ音読，まわりの生徒はその英文をリピートする，というふうに宿題の確認をしています。授業の最初にすぐに読み合わせを始めるので，そのためにはきちんとワークの問題をしてあることは当然ですが，家庭で問題を解いて丸つけをしたときに，読み方や英文の内容まで自分で練習や確認をしておくことを指示しています。

また，授業ノートのほかに生徒に持たせている練習用ノートに，月に100文ライティングをして月末に提出をするようにしています。100文は最低限のノルマであって，何文書いてもよく，何百文も書いてくる生徒もあります。学習した教科書の基本文や，ノートにまとめた英文，教科書の本文，それらの形を使って自分でつくった英作文など，内容は様々ですが，約束として自分でちゃんと読める・内容がわかっている英文であることとしています。ただ書き写すだけの意味のない勉強ではなく，発音しながら，ということを大切にしたいと思っています。ポイントを自分で書き込んだり，よいまとめ方をしたりしているノートの例はどんどん生徒にも紹介するようにしています。

〈板書例〉一般動詞の過去の疑問文の場合

1. I (　　　) English every day. (Pr.3-1)

2. Ken (　　　) English every week. (Pr.6-1)

3. Ken (　　) (　　　) English now. (Pr.9-1)

4. Ken (　　) English last night. (Pr.10-1)

5. Q: (　　) Ken (　　) English last night? (Pr.10-2)

6. A: Yes, (　　) (　　). / No, (　　) (　　) (　　). (Pr.10-2)

                                = did not

7. (　　) (　　) Ken (　　) last night? (Pr.10-2)

---

1. I (study) English every day. (Pr.3-1)

2. Ken (studies) English every week. (Pr.6-1)

3. Ken (is) (studying) English now. (Pr.9-1)

4. Ken (studied) English last night. (Pr.10-1)

5. Q: (Did) Ken (study) English last night? (Pr.10-2)

6. A: Yes, (he) (did). / No, (he) (did) (not). (Pr.10-2)

                                = did not

7. (What) (did) Ken (study) last night? (Pr.10-2)

（山本　洋子）

自律的学習者を育成し，スピーチにつなげる音読活動

学習場面			技能				
語彙・文法の学習	音読による学習	教科書本文を用いた学習	リスニング	リーディング	スピーキング	ライティング	複数技能統合
英語を使いながら定着・発展を目指す学習のプロセスの中での理解・定着を目指す深い学び	●						
英語を使いながら定着・発展を目指す学習のプロセスの中での表現・発信を目指す深い学び	●						
他者との協働で英語への気づき，技能の向上につながる対話的な学び	●				●		
学習者自身が見通しを持って能動的，主体的に取り組む主体的な学び	◎						

1 授業のねらい

> ある人物についての英文を，その人物に関する絵をもとに再生することができる。

2 授業づくりのポイント

　本課は三人称単数現在形の導入をした後で，教科書の登場人物が家族の紹介をする場面です。次時では生徒の身の回りの人物について紹介するスピーチ活動を設定しているため，本時の教科書本文はそのベースとなる重要なものです。

　本時では単語練習や様々な音読練習を生徒主体で行うよう心がけ，スピーキング活動へスムーズな橋渡しができるように設定しました。

3 学習指導案・活動の流れ（50分）

時間	生徒の学習活動	教師の指導・支援
Step 1 10分	1　ピクチャーカードを参考にしながら，教師の英語による説明を聞く。 2　教科書本文を読み，教師の質問に答える。	・ピクチャーカードを用いて，教科書本文の内容を英語で説明する。生徒が主体的に本文を読めるよう，本文全体については説明しない。 ・本文を読み解くポイントを英語で質問し，内容を確認する。
Step 2 30分	3　単語の発音練習 4　本文の音読練習パート1 　教師の範読やCDを聞いて正しい発音を身につける。 　・一人読み　・Repetition 　・Buzz reading　など 5　本文の音読練習パート2 　本文の暗唱につながるよう，様々な方法で繰り返し音読練習をする。 　・バンバンリーディング 　・ペン置き読み 　・一人 Read and Look-up 　など	・フォニックスの知識を活用させるために，教師の範読の前に生徒自身に単語を発音させる。 ・教師の範読の前に生徒自身に読ませ，読みづらい箇所に気づかせる。リピート練習では音変化やイントネーションに注意させる。 ・様々な方法で繰り返し何度も音読練習をすることで，自然に本文が暗唱できるように支援する。 ・生徒自身で練習方法を組み合わせられるよう支援する。
Step 3 10分	6　リテリング 　ワークシートを用いて，ペアで絵を見ながら教科書本文を再生する。 7　振り返りと次時の課題 　リテリングの振り返りをする。	・教科書本文通りにリテリングしなくてもよいことを伝える。 ・うまく言えなかったところを確認する。次時は身の回りの人について紹介することを伝える。

4 授業展開例

❶ Step 1

　本文は，教科書の登場人物が海外に住む祖母について友達に紹介する場面です。生徒が自分の身の回りの人を英語で紹介する際に，参考となる表現が多く出てきます。生徒の自己表現につなげるためにも，この授業では正しい発音を身につけ，暗唱できるように音読の練習を工夫することを心がけました。

　Step 1は本文の導入です。教師がピクチャーカードを指し示しながら登場人物の祖母を紹介しました。

教師 Hi, class. I'll show you a picture. Who is this? (祖母の写真を見せる。) This is Kate. She is Ellen's grandmother. Does she live in Japan? No. She lives in America. She is 65 years old and works in San Francisco.

　リーディング活動を生徒主体にするためには，教師が本文のすべての情報を伝えてはいけません。そこで，教科書本文の内容について，いくつか質問をしました。

教師 She works in San Francisco. What does she do? What is her job? Can you guess?
生徒 I don't know. It's difficult.
教師 OK. Look at the picture. You can get some hints. Try.
生徒 (Kate の絵からヒントを探す) カメラ持ってるよ！
教師 Yes. She has a camera.
生徒 ノートも持ってる！
教師 Right. She also has some notebooks. Now, open your textbook and check the answer.
（他にも内容理解を図る英問英答をする。）

　教師がすべて説明してしまうと，生徒は受け身になり，教科書を読む目的がなくなってしまいます。「教科書を読みたい」と生徒が思うような質問を投げかけることで，積極的に英文を読むようになります。

❷ Step 2

　ここではきちんとした発音を身につけ，暗唱につなげることが目的です。単語練習や音読練習の際には教師の範読や CD をリピートしますが，本時では正しい発音を確認する前に，まず生徒に読ませてみました。始めに生徒に読ませることで，生徒は読めない単語やうまく言えない部分があることに気づきます。そうすると，正しい発音はどのようなものか知りたくなります。ここで教師の範読を聞く必要性が生まれます。

〈音読パート１〉

　このパートは，発音を正しく身につける段階です。特に次に続く音読パート２が生徒中心の音読活動になるので，ここで間違ったままにしてしまわないように気をつけました。

〈音読パート2〉

　パート1で正しい発音で読めるようになったら，パート2では暗唱に向けて繰り返し練習をします。暗唱のためには反復練習が欠かせません。しかし，ただ「10回読みなさい」という指示では生徒も飽きてしまいます。10回読むなら10通りの音読方法があれば，生徒の意欲を高く維持したまま練習することができますね。ここでは，授業で行った音読方法を紹介します。

①バンバンリーディング

　ペアで一方が一文を読む。文中の一語を読まず，その代わりに机をたたきます。パートナーは読まれなかった単語を言い当てます。始めは教師と生徒で練習し，その後，生徒同士でやらせるとよいでしょう。

例）**生徒A**　This is my（バン），Kate.
　　生徒B　Grandmother!
　　生徒A　That's right. She lives in（バン）.
　　生徒B　America! OK.　以下続く。

②ペン置き読み

　隣同士のペアで，お互いに教科書本文の上にペンを1本置き，音読をする。読めたらもう1本追加する。

③一人 Read and Look-up

　Read and Look-up を一人で行います。本文を一文黙読し，覚えたら顔を上げて言います。言えたら次の文を覚えて言います。また，一文を覚えたら次は二文，その次は三文と，次第に覚える量を増やすとよりチャレンジングなものになります。

　1年生の段階で様々な音読のやり方を身につけ，目的に応じて生徒が自分たちで音読方法を選択することは，自律的学習者の育成につながります。

❸ Step3

　本時は授業のまとめとしてリテリングを設定しました。
　リテリングの手順は以下のようになります。

①個人でワークシートを見ながら練習する。

②全員が立って教室の四方に散らばり，壁や窓を見ながらリハーサルを行う。

③ペアでリテリングをする。

④代表が全員の前でリテリングをする。

⑤振り返りをノートに記入する。

5 授業の振り返り・評価

　今回は次頁ワークシートのように，リテリングの助けになる絵をまとめ，生徒に配付しました。しかし，生徒により主体性を持たせるためには，「ワークシートを使う・使わない」「自分でノートにイラストを描く」など選択の幅を持たせた方がよかったと感じます。また単なる暗唱になることを防ぐため，練習の段階で，教科書本文と順番が違ったりしてもよいこと，英語が苦手な生徒には，言える文の数を一つでも増やしてみよう，と伝えました。リテリングは生徒の習熟の度合いに合わせて取り組むことのできるアウトプット活動だと実感しました。

6 家庭学習の工夫

　授業の最後に，家族や友人について紹介する文を書いてくるよう指示をしました。そして次の授業では，それをもとにその人物についての簡単なスピーチを行いました。全員が課題を家庭で達成し，授業ではスピーチを成功させることができました。この成功の秘訣は，授業はもちろんですが，彼らの日頃の家庭学習の取り組みのおかげなのです。

　私は普段から生徒に，1日1ページ英語の家庭学習に取り組み，毎日提出することを課題としています。毎日提出するのでマイテー（毎提）ノートと言っています。マイテーノートのメニューには単語練習や英文日記などがありますが，その中に「教科書パクリ作文」があります。これは，教科書本文の一部分を自分なりに書き換える英作文です。英語が苦手な子は，名詞の部分（人名など）を書き換えるだけでも構いません。よりチャレンジングなものに挑戦したい生徒は，教科書とは違う動詞を使うなどして教科書の内容をガラッと変えたりします。

　普段から「教科書パクリ作文」に慣れている生徒は，スピーチが得意です。なぜなら，授業で相手を意識した音読練習をし，家庭学習ではそれに手を加えた創作活動を継続して行っているからです。家庭学習で創作的な活動を取り入れると，提出率は上がります。提出された課題は教科通信でまとめ，生徒に配りました。生徒はもらった瞬間に黙々と友人の作品を読み始めました。リーディングの活動にもつながる「教科書パクリ作文」で，生徒は力をつけています。

7 ワークシート例

Kate （65）

（松本 涼一）

発問の工夫により
教科書本文の内容を生かす活動

学習場面			技能				
語彙・文法の学習	音読による学習	教科書本文を用いた学習	リスニング	リーディング	スピーキング	ライティング	複数技能統合
		●		●			
●		◎					
		●					
		◎					

（行見出し）
- 英語を使いながら定着・発展を目指す学習のプロセスの中での理解・定着を目指す深い学び
- 英語を使いながら定着・発展を目指す学習のプロセスの中での表現・発信を目指す深い学び
- 他者との協働で英語への気づき，技能の向上につながる対話的な学び
- 学習者自身が見通しを持って能動的，主体的に取り組む主体的な学び

1 授業のねらい

> 　会話の場面や話し手の状況を理解し，話し手の気持ちが伝わるように音読できる。また，その内容に対して感想や意見を英語で述べ，その理由を伝えることができる。

2 授業づくりのポイント

　本課は，家族がそれぞれ忙しく何かをしているところに，電話がかかってくるという設定です。対話の中では，"Mother"が「誰か電話に出て！」と家族に頼んでいますが，皆が忙しくて電話に出られないという場面になっています。授業では，まず，教材に含まれるイラストを用いて，家族がそれぞれ何をしているのかを読み取る活動を行います。その後，家族それぞれが行っている内容から判断して，誰が電話に出るべきかを考え，その理由も含めて英語で伝え合う活動を設定しました。

　教科書本文（対話文）の内容に関する発問を工夫することにより，教科書本文の内容を単に

日本語に置き換えて理解することにとどまらず，その内容に能動的に関わって深く理解し，さらに，自らの考えを英語で伝えることにつなげます。

3 学習指導案・活動の流れ（50分）

時間	生徒の学習活動	教師の指導・支援
Step 1 5分	1 ピクチャーカードを参考にしながら，教師の英語による演示やCD の対話を聞く。	・ピクチャーカードを提示したり，ジェスチャーを使ったりしながら，生徒の内容理解を深める。
5分	2 教科書のそれぞれの挿絵が，誰の動作を表しているのか読み取り，ワークシートに名前を記入する。（ワークシート参照，33頁）	・キーワードを示すなど，読み取りのポイントを支援する。
10分	**課題1　対話の場面を考えながら，話し手の気持ちが表現されるように音読しよう。**	
	3 単語の発音と本文の音読練習。単語の発音練習を行った後，グループでの対話練習へと活動を発展させていく。どのような気持ちで，発話されているのか，考えながら音読する。	・ねらいを持った音読活動を段階的に提供し，話し手の気持ちや状況を考えて表現できるよう支援を行う。
Step 2	**課題2　Who should answer the phone? And why?**	
Step 3 5分	4 本文を読み返し，個人で考える。その後，ペアでお互いの考えを英語で伝え合う。	・伝えたい内容が英語で表現されるように支援する。
8分	5 2ペアを合わせて4人グループを作る。グループで，お互いの考えを英語で伝え合う。	・これまで身につけた英語の表現や教科書本文の英語表現を活用して理由を述べられるように支援する。
12分	6 全体で考えを共有する。	・他のグループの発表から，様々な英語表現に気づかせるよう支援する。
5分	7 自分の考えと理由をノートに書く。	

4 授業展開例

❶ Step 1

　本文の内容は，状況から理解しやすく，家族それぞれの動作を表す英語表現を頼りにワークシートに示された設問の解答を導くことができていました。理解に時間がかからない分，この課の対話文では，どのような状況で発された言葉であるかを考え，状況や感情をこめて音読したり，グループで演じたりできるようにしたい教材です。

　実際に4人組を作り，各自がそれぞれの家族の役割になって本文を読み始めたところ，生徒たちは席にすわったまま英文を淡々と（棒読みで）読み上げている様子でした。つまり，対話文をあくまで教材として捉え，英語の練習のために読むという学びの姿勢だったわけです。そこで，教師が次のような働きかけを行ってみました。

教師	Can I ask you some questions? Questions, OK?
生徒	OK!
教師	Where is Aiko（mother）? Is she in the same room?
生徒	？？？
教師	Aiko, her daughter, Sam and Jim, are they in the same room? Are they in ONE room? Is everyone in the same room?"
生徒	No. No. Mother, "2階"!
教師	Aiko may be in the "2階", second floor. （小さな声で）Can anyone answer the phone? もし，みんなが1階にいたら，can you hear me?
生徒	No!
教師	じゃあ，2階にいるAikoから，どうぞ！
生徒	（叫ぶように）Can anyone answer the phone?

　生徒たちは，対話文の状況を理解したらしく，Aikoのセリフの音量が大きくなっただけでなく，それぞれが少し離れたところに散らばって，叫ぶように言葉を発したり，"I'm brushing my teeth." と言うセリフを歯磨き中のジェスチャーをつけるとともに，歯磨き中の発話であるようにモゴモゴ話したりしていました。それぞれのグループで，対話の場面や話し手の気持ちを考えた様々な表現の工夫が見られました。

❷ Step 2

　グループでの音読練習が続き，各グループとも対話文の音読がスムーズになってきたところで，「課題2」の提示を行いました。

教師	Mother said "Oh, no!" at the end. 電話切れちゃったかな？
生徒	Yes! No!（両方混在）自分で出たんじゃん？（様々なつぶやき）
教師	電話に出るとしたら… Who should answer the phone?　誰が出ればいい？ Who should answer the phone? And why?
生徒	…

❸ Step 3

　ここで，まず，個人で意見と理由を考えさせた後，ペアで考えをシェアさせてみました（think-pair-share）。ペア・ワーク，その後のグループ・ワークでも，様々な考えが出されていました。

生徒A	Sam! Because he can stop it soon.
生徒B	Daughter! Because she will finish it もうすぐ！
生徒C	Mother! Because she can stop it soon.　誰も出ないからしかたなく！
生徒D	Jim! だって，携帯じゃなくて家の電話にかかるのは親の用事だから！

　英語の語彙や文法知識の不足から，母語に頼らざるを得ない部分も見られましたが，いろいろな角度から状況を分析し考えていたようです。いずれにしても，本文の対話文の状況に入り込んで，内容を考えた上での発話でした。また，多くは，対話文の英語表現を上手に利用して，各自の考えを述べていました。

　このように，発問を工夫することにより，単に英文の意味を日本語に置き換え「訳」することが最終目標ではなく，それぞれの発話の意味を理解した上で，場面や状況から判断し，さらには，対話中の語彙や表現を用いて自らの発話につなげるような学びがなされていることがわかります。また，その過程で，ペア・ワークやグループ・ワークが有効に働いた実践でした。

　ただし，本実践の中で「理由」を英語で表現する部分については，1年生の段階では負荷が大きすぎる活動であった様子も観察されたことから，生徒の英語の熟達度が高まった後，つまり，2年生，3年生になってから，もう一度この教材に戻り，「理由」を英語で伝える活動を行うような，柔軟な指導計画作りも必要であると思われました。アクティブ・ラーニングの学

びを考える上では，これまでのような直線的な教材の使用だけでなく，同一の教材を学年の枠を超えてスパイラルに活用するようなあり方も考えていく必要があると思います。

5 授業の振り返り・評価

　本授業のねらいは，生徒が会話の意味や発話の行われている場面の状況を考え，誰が電話に出るべきなのかを判断し，その理由を自分の言葉で表現することでした。また，他の生徒が表現した様々な理由から，お互いに学び合うことも期待されます。そこで，次のような項目を設けた振り返りシートを配布します。

〈振り返りシート〉
1. 話し手の気持ちが表れるように音読しようとしましたか。　　　　　4　3　2　1
2. 誰が電話に出るべきか，理由をつけて表現しようとしましたか。　　4　3　2　1
3. 友達が話した「理由」の中で，学んだ表現はなんですか。
（　　　　　　　　　　　　　　　　　　　　　　　　　　　　　　　　　　　）
4. 英語で言いたかったけど，言えなかった内容はありますか。
（　　　　　　　　　　　　　　　　　　　　　　　　　　　　　　　　　　　）

---

6 家庭学習の工夫

　家庭学習では，①教室での学びで「できるようになったこと」をより確実なものにするための課題と，②教室での学びを基にして，「より高度なもの」にするための発展的な課題が考えられます。①では，教室での活動を家庭で繰り返し行うことを求めたり，教室では音声中心であったものを書いて学習する形にしたりして学習の定着をめざします。②では，教科書本文の表現に加えて他の表現を考えたり，次の授業で行う発展的な活動の準備をしたりすることが考えられます。

　ここでは，①，②それぞれの課題の例を紹介します。

〈①教室での学びで「できるようになったこと」をより確実なものにするための課題例〉

対話文を読んで，「誰が電話に出るべきか？」理由も含めて英語で考えましたね。
1）「誰が電話に出るべきか？」「その理由は？」授業中に考えた理由を思い出して，学習ノートに英語で書いてみよう！
2）もし，1）の人以外が電話に出るべきだとしたら，「その理由は？」学習ノートに英語で書いてみよう！

> 対話文中で，daughter, son, father が言っている「電話に出られない理由」では，どうやら Mother は許してくれそうもないようです。「つべこべ言わずに，早く出なさい！」と怒っていますよ！
>
> さて，みなさんならどんな言い訳でお母さんのリクエストを切り抜けますか？　お母さんが「それなら仕方がないわね…」と許してくれそうな「言い訳」を学習ノートにたくさん英語で書いてみよう！　次の時間にみんなで，「完全無敵の言い訳」会話を考えてみますよ！

7 ワークシート例

　教科書本文には，家族のメンバーを紹介するイラストがあり，家の中で誰が何をしている状況が視覚的にわかるようになっています。そこで，あえてその家族紹介のイラストを含まないワークシートを準備します。誰が何をしているのか，生徒たちが英文を読むことによって理解させるためです。

Program 9 ワークシート（例）

次の対話を読んで，下のどの絵が誰なのかを（　　）の中に書きましょう。

Mother :　　Can anyone answer the phone?
　　　　　　　I can't answer it now.
Daughter :　I'm sorry, I can't.
　　　　　　　I'm changing my clothes.
Mother :　　Sam?
Son :　　　Sorry, mom. I'm drying my hair.
Mother :　　Jim, can you answer the phone?
Father :　　Sorry, I can't, Aiko. I'm brushing my teeth.
Mother :　　Oh, no!

1（　　　　） 2（　　　　） 3（　　　　） 4（　　　　）

解答例 1 mother　2 son　3 father　4 daughter
　Program 9「A New Year's Visit」『SUNSHINE ENGLISH COURSE 1』開隆堂出版　H24年度版　一部改

（巽　　徹）

Interaction を通した
Oral Introduction 活動

学習場面			技能				
語彙・文法の学習	音読による学習	教科書本文を用いた学習	リスニング	リーディング	スピーキング	ライティング	複数技能統合
		●			●		
●	◎	◎	◎		◎		
		◎	●		●		
			●				

行ラベル（左側）：
- 英語を使いながら定着・発展を目指す学習のプロセスの中での理解・定着を目指す深い学び
- 英語を使いながら定着・発展を目指す学習のプロセスの中での表現・発信を目指す深い学び
- 他者との協働で英語への気づき，技能の向上につながる対話的な学び
- 学習者自身が見通しを持って能動的，主体的に取組む主体的な学び

1 授業のねらい

教科書本文の内容をおおまかに理解することができ，内容を表す絵について説明したり，質問に答えたりすることができる。

2 授業づくりのポイント

　教科書本文の内容理解では日本語の意味がわかる段階でとどまらず，書かれていることの背景や関連する状況をイメージしながら読むことができるか，という点に着目しています。教師の Oral Introduction を軸に，インプットのみの活動にしないために，附属のピクチャーカードに描かれている様々なことについて生徒自身が既習事項を用いた質問に答える形で理解を促す活動を通して本文の概要をつかみ，フラッシュカードによる語彙指導，音読活動へつなぎます。どのレッスンでも同じスタイルで行い，活動自体を理解する負担がなく，くり返し様々な質問に答えることで，対話による既習事項の定着を図ります。

3 学習指導案・活動の流れ（40分）

時間	生徒の学習活動	教師の指導・支援
Step 1	**課題1** ピクチャーカードに描かれている内容に関する質問に，制限時間内に全員が答えよう。【8分間トライアル】	
8分	1 ピクチャーカードを見ながら，教科書の登場人物などについて知っていることを英語で答える。正解できた生徒は順に着席し，8分間で全員が答えられるように，わかる生徒は，まだ正解が出せていない生徒にヒントを与える。	・ピクチャーカードの内容に関する英語の質問をする。正しい発音であるかをチェックしながら，生徒全員が答えられるように指名する。ただし，未習事項を含む質問については単語単位の解答でも可とする。
5分	2 教師の Oral Introduction を聞き，本文の概要をつかむ。	・本文に出てくる表現を用いたり，必要であれば質問をしたりしながら本文のイメージができるように，概要を説明する。
Step 2 7分	3 新出語句の練習 フラッシュカードで提示された語句をまずは生徒自身で読み，読みにくいものなどを確認する。	・教科書に出てくるコロケーションなどを意識しながら発音指導をする。 ・日本語の意味を見せて確認するだけでなく，適宜辞書を引いて全体で意味を確認する場面をつくる。 ・ジェスチャーをつけて発音する。
Step 3	**課題2** 本文の内容が伝わるように，適切に本文の音読をしよう。	
5分	4 教科書本文を，教師の後に続いて読み，読みにくいところがないかを確認する。	・Linking，発音，強勢，イントネーション，文の区切りを意識して音読するように指導する。
5分	5 ジェスチャーをつけて音読し，内容を把握する。	・できるだけ一語一語ジェスチャーをつけて，生徒が内容を理解しやすくなるようにする。
5分	6 本文の内容に関する質問に答える。	・本文中にある答えの根拠になる部分に線を引く形で答える。
5分	7 もう一度本文の音読をする。	

4 授業展開例

❶ Step 1

　本文内容を表すピクチャーカードを用いて教科書の登場人物についての質問をします。これまでの学習してきた文法，教科書本文の内容をくり返し用いることで理解の定着を図りました。また，それだけでなく新しい内容の理解の一助となる Oral Introduction につなげるために，生徒自身で言えることは生徒に発話させることを狙いとしています。さらに，全員が制限時間内に答えるという目標を設定することで，ゲーム感覚で学んだり，ヒントを出し合ったりするような協働的な学びの場面を生み出しました。

教　師　Who is this boy?

生徒A　He is Takeshi.（着席）

教　師　What does Takeshi usually do on Sundays?

生徒B　Basketball.（着席）

教　師　Who is this girl?

生徒C　Yuki.

教　師　Sentence, please!

生徒D　She is Yuki.（着席）

教　師　What's his name?

生徒E　His name is Mike.（着席）

教　師　Where is he from?

生徒つぶやき　国，国名…。

生徒F　America.

教　師　Sentence, please.

生徒G　He from America.

教　師　He … from America.（文が不十分であることを示唆して）

生徒つぶやき　he だから…，be 動詞…。

生徒H　He *is* from America.（着席）

教　師　Tell me anything about Mike.

生徒 I　He is a student.（着席）

生徒J　He is from Seattle.（着席）

生徒K　Gold hair.

教　師　Oh, you mean Mike has blond hair.

生徒L　Yes. Blond hair.

教　師　Everyone, say "blond hair."

生徒全員　Blond hair.

教　師　On Sunday…what does Yuki do?

生徒M　She is clean her room.

教　師　Close!（おしい！）

生徒つぶやき　is, なしなし！

生徒N　She clean her room.

生徒つぶやき　she だから…, 何かつく！

生徒O　She cleans her room.（着席）（さらに，Q＆Aが継続…）

（8分間で，全員が解答し着席できるかを競う活動であり，目標タイムを目指して，全員の助け合い・協力が必要となる活動です）

　学習段階に合わせて，生徒が答える内容は変わってきますが，これまでに学習した内容を用いて登場人物を説明できるような発問を心がけました。正しい発音や表現であることを要求し，間違っている場合には，正解を教えずに別の生徒に解答権を与えることで，生徒たちが自ら何が間違っているのかを考え，教え合う場面を生み出しました。これは生徒同士が発表を聞いていないとできない状況であるので，自然と相手の意見を聞く，相手に伝わるように発話するといった態度を養うことにもつながります。

　生徒が答える内容としては，He is a student. のような既習事項については文単位での正確な英語の答えを要求し，He plays basketball. / He has blond hair. といった学習したての3単現を含む英文は単語単位での答えを認めるといった難易度の調節を行いました。そうすることで，生徒が言いたい内容を伝えられるようにしたり，こんなときはどう表現したらいいのかを学んだりできるようにしました。

　ピクチャーカードの内容を英語で理解していくことで，教師による Oral Introduction の際に，内容把握の手助けとなりました。Oral Introduction では本文の内容が把握できるように本文に出てくる語句をたくさん用いて行い，必要であれば補助的な写真などをつけたして生徒のイメージをできるだけ広げられるように工夫しました。

❷ Step2

　フラッシュカードを用いて新出語句の練習をしました。Oral Introduction とのつながりを持たせるために，聞いた英語を発話する活動をはじめに行います。つまり，英語のカードを見せて生徒にまずは言わせます。その後で，正しい発音を聞かせながら練習をします。生徒自身が，英語のつづりや Oral Introduction で聞いた英語の音を頼りに，その発音を予想して発音することで，単語の発音に関して「仮説」を立て，教師の発音と比べることで，その仮説の正しさを「検証」し，さらに，自らの発音を「修正」する学びのプロセスを用意しているということになります。

　続いて，教師の後に続けて発音しながら日本語を見せることもしました。そのときに必ず1

回は辞書で意味を確認する場面を設定します。1年生は入学当初に辞書の引き方を学習しました。その活動を継続して行うために，ほぼ毎回の授業で辞書を引く場面を設定し，活動の定着を図っています。ゲーム感覚を持たせるために早引き競争にし，見つけた生徒から起立していき，教師はその数をカウントしていきます。全員が引き終わるまで先に進まないので，語を見つけマーカーで引き終わった生徒は，まだ探している生徒のところに行ってヒントを出します。何度もくり返すことで生徒が辞書を引くスピードは確実に上がっていきました。また，新出語句の練習場面で毎回辞書を引く場面を設定することを生徒自身が理解するようになると，フラッシュカードを見ながらどの場面で辞書を引くのかを予想して準備態勢に入る生徒が増えてきます。このようにして生徒が能動的に学ぶ意欲を生み出すことができました。また，辞書引きの技能を早いうちに身に付けることで，将来にわたる英語の学びにおいて，自律した学習を行えることにもつながります。

　次にフラッシュカードを見ながらジェスチャーをつけていきます。ジェスチャーをつけて発音できる＝語の意味が理解できると判断します。生徒が考えたわかりやすいジェスチャーをつけながら，語のイメージを深めていきます。また教科書本文に出てくるコロケーションを意識した発音練習を行い，この後の音読活動につなげていきました。

❸ Step 3

　本文の内容理解を行う授業のまとめは，適切に音読ができることとしていますので，これまでの Step を踏まえて音読活動に入ります。まずは教師の後に続けて読み，読みにくいところを教師自身も把握して指導に生かします。そのときに Linking，発音，強勢，イントネーション，文の区切りを意識して音読するように指導します。さらに，登場人物がどのような気持ちでそのセリフを言っているのかを想像させることもします。

　その後，ジェスチャーをつけて音読します。ジェスチャーをつけて読むことで，内容のイメージが深まり，訳読をする必要がなくなります。また，どのようなジェスチャーが内容を表すのにふさわしいか，生徒同士で考え，アイディアを出し合います（思考）。最も相応しいジェスチャーを選び（判断）内容理解をより確実なものとして，ジェスチャー付の音読を行います（表現）。さらに，教科書から目を離して読むようになるので，文字に頼らず教師の英語をよく聞いて発音する活動にもなります。

　本文の質問に答える場面では，内容理解の確認をする程度にとどめたので，答えの根拠となる部分に線を引く形をとりました。この場面でも早くできた生徒が困っている生徒のところにヒントを出しに行きます。

　内容がつかめたところで，本格的な音読活動に入ります。教師の後に読むだけでなく，生徒自身が読むときには教科書から目を離す読み方や，教師と同じペースで読んだり，教科書を見ずに教師のすぐ後を追いかけるように読んだり，ペア読みをしたりと様々な方法で音読をすることで定着を図るだけでなく，家庭学習にもつなげていきました。

5 授業の振り返り・評価

　教科書の内容を扱う場面では毎回同じようなスタイルをとっています。そうすることでどの生徒も次に何をするのかを理解して授業に臨めるので，授業への不安を取り除くことができたと思います。また，英語はくり返し学習することが不可欠ですので，長いスパンで教科書の内容や既習文法などをくり返し活用することで，学習の定着を図ることができました。また，ピクチャーカードの質問に対しては，英語が苦手な生徒には優しい質問を指名したり，高い意識を持っている生徒にはどんどん難しい表現や人と違う答え方に挑戦させたりすることで，生徒の学習意欲を上げることを意識しました。

　この授業スタイルの最も難しいと考えられる点は，生徒がいま何を学んでいて，どのような表現を難しいと感じているかをとらえることだと思います。教師自身が教科書の内容，どの場面でどんなことが書かれてあったかを把握していないことには生徒の答え方を正したり，答え方の難易度を調節したりすることができないと思います。そういった意味でも，授業のシステムを固定化することによって，ワークシート作成などの時間を省略できる分，教科書とじっくり向き合う教材研究をする時間を十分に確保できるようになったと思います。

　また，あらゆる場面で「全員ができるまで待つ」ことを徹底することで，生徒全員の理解が深まり，結果的に授業のスピード化が図られるだけでなく，協働的に学ぶ場面を自然と生み出すことができるようになりました。わかる生徒がわからなかったり困ったりしている生徒を助けるときには，答えを教えるのではなく，考え方やヒントを出すように口を酸っぱくして言っています。「その人のためになるかかわり方」を要求しています。自分で答えが出そうなときにはそっと見守るようにも話しています。教師はそういった場面ではモニタリングに徹し，よいかかわりをしたときには全体の場でほめたり，よりよいかかわり方を生徒に示したりするようなフィードバックをしていくことで，生徒たちがより主体的に学ぶようになっていきました。

6 家庭学習の工夫

　本文の内容理解をした授業後の宿題は音読25回を設定します。授業で読めるようになったことを更に練習し，内容の定着を図るためです。授業中に音読練習をしないと宿題としては成立しないので，授業中にできるだけたくさんの音読活動を取り入れるように配慮はします。

　宿題の確認場面として，次の授業のはじめに復習の時間をとります。フラッシュカードの日本語を見せて，英語が発音できるか。ジェスチャーをつけて英語が言えるか，スペルができるかをチェックした後，教師がジェスチャーをつけた英文を，教科書を見ずに英語で再生する活動を行います。家で音読練習をしないと授業に参加できなくなるので，生徒たちは頑張って音読の宿題をしてくるようになりました。また，それだけでなく，定期的に音読テストを行うことで日々の家庭学習の確認をするようにしています。

（市原　史明）

小学校との合同授業の取り組み（小・中連携）

学習場面			技能				
語彙・文法の学習	音読による学習	教科書本文を用いた学習	リスニング	リーディング	スピーキング	ライティング	複数技能統合
英語を使いながら定着・発展を目指す学習のプロセスの中での理解・定着を目指す深い学び					●		
英語を使いながら定着・発展を目指す学習のプロセスの中での表現・発信を目指す深い学び					◎		●
他者との協働で英語への気づき、技能の向上につながる対話的な学び			◎		●		
学習者自身が見通しを持って能動的、主体的に取組む主体的な学び					◎		

1 授業のねらい

　「小学校6年生に附属中学校を紹介しよう。」という単元の課題を設定した。実際に小学生と英語を通して交流する活動の中で、「中学校生活について、絵や写真を適切に示したり、相手に質問したりしながら、写真の状況や自分の経験、感想を付け加えて話すことができる力」を養うことを目指す。最終的には、小学校6年生に附属中学校を紹介するVTRを作成することにした。

2 授業づくりのポイント

　小学生と中学生が交流することは、小学生にとって中学生が英語を話す姿に憧れをもたせ、英語学習に意欲をもたせる効果を期待しています。自分の英語が中学生に伝わったという喜びが、「英語でコミュニケーションできる」という自信につながったり、活動の中で中学生の使っている表現を学んで取り入れたり、コミュニケーションを円滑に進めていくための方法に気

づき真似をしたりすることも，交流をすることの利点であると考えます。

　しかし，単に小学校の活動に中学生が参加するだけでは，中学生にとって意味のある交流にはなりません。中学生にもねらいがあり，必然のある交流にしなければなりません。そこで，中学生に対しては「小学生は中学校生活のどんなことに興味をもち，知りたがっているのかを対話を通して知る」という交流の目標を設定しました。中学生が自分勝手に紹介するのではなく，ペアになった児童と対話を続ける中で，その児童の興味や好みを知り，中学校生活のどんなことに興味をもっているのかをつかむとともに，その場で聞かれた内容について，わかりやすく説明するように求めました。小学生の興味や好みをつかむためには，中学生のみが自分のことを話すのではなく，小学生に発話を促したり，伝えようとしていることを引き出したりするような働きかけが必要であることを理解させたいと考えました。これらの交流をもとに，単元の出口として，小学生が興味を持ち，知りたいと思っていることについて重点を置いた「中学校生活を紹介する VTR の作成」を行うことにしました。

3 学習指導案・活動の流れ（45分）

時間	生徒の学習活動		教師の指導・支援
	小学生の活動	中学生の活動	
Step 1 10分	**課題1**　Teacher's Time を聞いて，日本と海外の学校生活の違いについて理解しよう。		
	1　海外の学校生活について，小中の教員による英語のプレゼンテーションを聞く。今過ごしている学校での生活スタイルと外国の生活スタイルの違いについてクイズに解答しながら理解を深める。		・写真やスライドなどの視覚的教材を用いて，小中教員が協力してプレゼンを行う。クイズ形式で話題を提供することで，海外の学校生活について理解を深めさせる。
Step 2 12分	**課題2**　（小学生）自分の興味や好みを伝えながら，中学生から知りたい情報を得よう。 　　　　　（中学生）相手の興味や好みに合わせて，中学校の様子を伝えよう。		
	2　自分の好きなこと，興味のあることを交え自己紹介を行う。中学校生活の中で，どのようなことが知りたいか，既習の英語表現を用いて，中学生に伝える。	2　小学生の自己紹介の内容や簡単な英語のやり取りを通して，相手の興味や好みを理解し，相手が知りたい内容をわかりやすく英語で伝える。	・相手に尋ねたり自分の思いを伝えたりすることがうまくできない児童に寄り添い，一緒に言ってみる，真似して言わせてみるなど，段階的に自分の力で取り組むことができるようにする。
Step 3 3分	3　中間コメントを聞く。	3　中間コメントを聞く。	・中間コメントでは，交流の中で見られた小中それぞれ次のような姿を全体にフィードバックする。

			（小学生）自分の言いたい内容を何とか伝えようとする姿や方策
			（中学生）相手の発話を促す働きかけや上手な発問など
			以上のような視点で中間評価を行い，後半の活動につなげる。

	課題3 　仲間の姿からよりよりコミュニケーションの在り方を学び取ろう。		
15分	4　ペアを変えながら，繰り返し交流を続ける。	4　ペアを変えながら，繰り返し交流を続ける。	
5分	5　活動を振り返る。	5　活動を振り返る。	・小中学生それぞれの観点で活動を振り返らせる。

4 授業展開例

❶ Step 1

Teacher's Time では，海外の学校生活について紹介しました。登下校の違い，授業の挨拶，掃除の時間等，日本と外国の文化の違いについて取り上げ，小学生がこれまで慣れ親しんだ既習表現を中心に用いながら，小中両教員が協力しながら英語でのやり取りを行いました。外国との違いに児童生徒が興味・関心を持てるように，クイズ形式のプレゼンとし，楽しみながら英語を通して日本の学校生活との違いに気づかせるようにしました。

中学校教員　（写真提示）Please look at this picture. This is a picture of a classroom in the USA.

児童生徒　ウァー，雰囲気違う…。カラフル！…。

小学校教員　Please enjoy True or False quiz! ○ or × quiz! Ok?

児童生徒　Ok!

中学校教員　In this American school students clean their classroom.

小学校教員　Clean the room. （ジェスチャーで）What do you think? True or False? 3, 2, 1…

児童生徒　（ジェスチャーで　×）True / False!（様々な反応）

小学校教員　The answer is "False". ×（ジェスチャーで）

中学校教員　Do you like it? Do you like the idea?

児童生徒　いいなー！ Yes! I like!

中学校教員　Next question! J.H.S. students （中学生を指さして）wear an uniform in the USA.

小学校教員　Uniform（制服を指さして）in America?　Yes or NO?

児童生徒　（ジェスチャーで ×）True / False!（様々な反応）

　教師と児童が，英語でやり取りする場を設けることで，英語で話してみたいという意欲をかき立てられるように方向付けをしました。本授業での話題の中心は，中学校の学校生活についてであることから，クイズを通して，後に必要となる"cleaning"や"uniform"などのような語彙や表現にも繰り返し触れることができました。

❷ Step2

　いよいよ，小学生と中学生の英語による交流です。小学生は，自己紹介用の絵カードを，中学生は，部活や学校行事の写真や各教科の先生方の写真など説明するための視覚的な資料を用意し持参しました。

中学生　My name is ○△ . Nice to meet you.

小学生　My name is △□ . Nice to meet you too.
　　　　　（自己紹介用の絵カードを示しながら）I like baseball and I like sports.

中学生　Oh, I like sports too. Our junior high school has a baseball club.（部活動の写真を示しながら）This is the picture. This is a very good club.

小学生　I see.（メジャーリーガーの絵を示しながら）This is ○□, a famous major league player.

中学生　Yankees? Dodgers?

小学生　… Sorry, I don't know. He is cool and a good baseball player.

中学生　I see.

小学生　I like P.E.

中学生　Oh, you like P.E. Look! This is Mr. ○△（先生の写真を示して）. He is our P.E. teacher. He plays basketball very well. His nickname is ◎◎ . …（さらに会話は続く）

　中学生が小学生の発話を上手に受け止めながら，会話が流れていきます。小学生にとっては，一生懸命に練習・暗記してきた自己紹介のセリフに，中学生の発話が割り込んできますので，意味を考えながら，会話の流れを即興的に作り上げていくことが求められています。

小学生　I like sports. I can play baseball well.

中学生　Oh, you can play baseball well ? I see. What baseball team do you like?

小学生　I like the Dragons. Do you like the Dragons?

中学生　No, I don't. I like the Fighters.

小学生　Why?

中学生　Because I like Mr. Otani. He is a good pitcher and batter.

小学生　I see. I want to join the baseball club. Please tell me about baseball club in ○○ J.H.

中学生 O.K. There are twenty seven players in this team. It's a strong team.

小学生 Coach?

中学生 The coach is Mr. Ogawa. He is a nice coach. … (さらに会話は続く)

　このように，定型会話を覚え再生することで完結する活動ではなく，中学生との交流を機会に，小学生が，慣れ親しんできた英語表現を駆使して，意味のあるやり取りを即興で行うような活動につながりました。

❸ Step3

　授業の半ばに中間の評価を行う場面を設けました。中間評価では，何とか自分の思いを伝えようとジェスチャーを用いたり，絵を指さしたりして，単語レベルであっても対話を続けようとする小学生の姿や，相手の好みに合わせて話題の展開や関連するわかりやすい質問で発話を促す中学生の姿を教師が捉えてフィードバックしました。また，そこで使われた英語表現なども全体でシェアし，後半の活動で使用するように促しました。その結果，対話の中から得た「対話を継続していく表現」や，「話題を深める表現」が前半よりも意識的に用いられていたようでした。対話が続く楽しさや，伝え合う喜びが感じ取れるような方向付によって，後半の活動を充実させられたように思います。

5 授業の振り返り・評価

　本授業のねらいは，小学生には，「自分の興味や好みを伝えながら，中学生から知りたい情報を得よう」で，中学生にとっては，「相手の興味や好みに合わせて，中学校の様子を伝えよう」ということでした。そこで，小・中それぞれの観点で振り返りを行わせることにしました。

〈小学生の観点〉

・英語で自分の好きなことを中学生に伝えようとしましたか。	4　3　2　1
・自分の知りたい中学校の様子を知ることができましたか。	4　3　2　1
・仲間の発話から学んだ英語の表現はなんですか。	
(　　　　　　　　　　　　　　　　　　　　　　　　　　　　)	

〈中学生の観点〉

・小学生の自己紹介をわかってあげようとしましたか。	4　3　2　1
・わかりやすい英語を使って，相手の言いたいことを聞き出そうとしましたか。	
	4　3　2　1
・仲間の発話から学んだ英語の表現はなんですか。	
(　　　　　　　　　　　　　　　　　　　　　　　　　　　　)	

6 家庭学習の工夫

　本授業は，単元の出口で「小学校6年生に中学校生活を紹介するVTRを作成する」ということでした。小学校6年生に中学校生活を紹介するVTRを作成するために，集めた写真や映像に合わせて話す紹介文を作成することを家庭学習としました。各自で作成した原稿を持ち寄り，次の時間以降にその内容をグループでの聞き手に分かりやすい速さ，間を意識して行う発表練習を通して，原稿を再構成することにしました。

〈資料　単元指導計画〉

時	ねらい	◎課題 ◇生み出したい英語表現	言語材料	重点を置く 評価規準・評価方法
1	一般動詞の肯定文・否定文・疑問文の用法を理解し，終末の活動のイメージを持つことができる。	◎単元の見通しをもち，一般動詞について理解しよう。 I play soccer.　I don't play soccer. Do you play soccer?　Yes, I do. / No, I don't	一般動詞 （肯定文・否定文・疑問文）	エ①②一般動詞の意味・用法を正しく理解することができる。 イ①一般動詞を用いて自分の好きなスポーツやするスポーツについて話すことができる。
2	健の好きなことを紹介した文章を読み取り，文と文のつながりを理解し，より相手に伝わりやすい文章構成を意識して話すことができる。	◎自分の好きなことについて，魅力が伝わるように話そう。 ◇Hello, everyone.　I'm Ken.　I'm from Gifu.　I have a ball in my hand. This is my soccer ball.　I like soccer very much.　I play it every day.	This is … 一般動詞 have, like, play	ウ①健の自己紹介の内容に着目し，文と文の内容の関連性について読み取ることができる。 イ①好きなことについての質問のやり取りを行うことができる。
3	久美とポールの会話から，質問に対して答える際，より詳しく答えることの大切さを理解し，仲間と質問のやり取りができる。	◎久美とポールの会話を読み取り，二人の会話の中にあるよさを見つけよう。 ◇Do you like volleyball? Yes, I do. It's fun. / No, I don't. I like soccer.	一般動詞 know, use, practice It's fun.	ウ①久美とポールの会話を読み取り，久美の質問に対する答え方のよさについて理解することができる。 イ②自分の好きなことについての質問のやり取りを行うことができる。
4	久美とポールの会話から，質問をすることで話題を膨らませることができることを理解し，健になったつもりで三味線について詳しく説明することができる。	◎健とエマの会話を読み，自分の好きなスポーツと好きでないスポーツについて話そう。 ◇I play volleyball, but I don't play basketball. I like soccer, but I don't like baseball.	疑問詞を用いた一般動詞の疑問文と応答 〜, but…	ウ①健とエマの会話を読み取り，接続詞 but の用い方について理解することができる。 イ②好きなスポーツと好きでないスポーツについて話すことができる。
5	自己紹介の英文を読んだり聞いたりして，内容を理解することができる。	◎まとまった英文を読んだり聞いたりして，自己紹介の内容を理解しよう。	一般動詞 like, play 疑問詞を用いた一般動詞の疑問文と応答	ウ①②自己紹介について大切な部分を落とさないように読み取りや聞き取ることができる。
6	「自分らしさの表れる自己紹介」についてのアイデアまとめ，写真や簡単な絵を作成し，その絵を見ながら話すことができる。	◎「自分らしさの表れる自己紹介」についてのアイデアをまとめ，簡単な絵を描き，その絵を見ながら説明できるようにしよう。 ◇This is 〜.　I like soccer.　I play it after school.	This is 〜. I like sports. I play soccer.	イ①絵や写真を用いながら，「自分らしさの表れる自己紹介」を正確に話すことができる。
7 (本時)	小学6年生に中学校生活を紹介しよう。	◎聞き手を話題に引き込み，自分らしさの表れる自己紹介をしよう。 ◇Hello, I'm Satoshi.　I have a picture in my hand.　Look at this.　Do you know this?　This is 〜.	This is 〜. Do you 〜? …, but 〜. What 〜?	イ①聞き手を話題に引き込みながら，自分のことについて説明することができる。
8	中学校生活を紹介するVTRづくりをしよう。	◎準備した原稿をもとに紹介VTRを録画しよう。 ◇Hello, I'm Satoshi.　I have a picture in my hand. Look at this.　Do you know this? This is 〜.	This is 〜. Do you 〜? 〜, but... What 〜?	イ①絵や写真を用いながら中学校生活の紹介ができる。

（巽　　徹）

英文３コマ漫画でライティング

学習場面			技能				
語彙・文法の学習	音読による学習	教科書本文を用いた学習	リスニング	リーディング	スピーキング	ライティング	複数技能統合
						◎	
				●			
				●		◎	

行ラベル（上から）:
- 英語を使いながら定着・発展を目指す学習のプロセスの中での理解・定着を目指す深い学び
- 英語を使いながら定着・発展を目指す学習のプロセスの中での表現・発信を目指す深い学び
- 他者との協働で英語への気づき，技能の向上につながる対話的な学び
- 学習者自身が見通しを持って能動的，主体的に取組む主体的な学び

１ 授業のねらい

be 動詞の否定文を使って，英文３コマ漫画を描くことができる。

２ 授業づくりのポイント

　書くことの指導の原則は，まず「とにかくたくさん書かせる」です。書くことを通じて，生徒は書く力をつけていきます。これが１つです。２つ目は，「面白いテーマを与えること」です。生徒が「書いてみたい！」と思うような課題を提示してあげることです。これにより，生徒の能動的，主体的な活動を保障することができます。本課では，be 動詞の肯定文と否定文を使って，「これは〜だよ」「それは〜じゃないよ」「それは〜だよ」という英文３コマ漫画にし，できれば「相手意識」を持って外国人に日本文化を教えるという場面で書いてみようと行ったのが，本実践です。（参照『文法別で入試力をぐんぐん鍛える！中学生のための英作文ワーク』瀧沢広人著　明治図書）

3 学習指導案・活動の流れ（50分）

時間	生徒の学習活動	教師の指導・支援
Step 1 15分	**課題1　否定文の文構造を理解しよう。**	
	1　教師が箱から出す物を見ながら，教師の後に英文を繰り返す。	・動物のぬいぐるみや物を教室に持ち込み，ぬいぐるみを見せて，生徒に繰り返させる。その時，わざと間違えて言う。 （トラのぬいぐるみを見せて） 教師：This is a lion. 生徒：This is…. えー，違うよ。 教師：Oh, this is not a lion. 　　　It's a tiger.
	2　「〜でない」という否定文の言い方を理解する。教師の書く板書をノートに写す。	・This is not a lion. の文構造について説明する。 ・板書する。
Step 2 30分	**課題2　英文3コマ漫画を作ろう。**	
	3　ワークシートに3コマ漫画を描きながら，「これは〜です」（肯定文） 「それは〜じゃないよ」（否定文） 「それは〜だよ」（肯定文） という3コマの漫画を描く。 その際，できれば，外国人に日本文化の違いや日本の物で間違えやすいものを題材に選んで英作文する。 （p.49ワークシート参照）	・ワークシートを配布する。 ・英文3コマ漫画を描くという課題の提示を行う。 ・必要に応じ，例示を出す。 ・生徒が描いているものを誉めたり，いいアイデアを持っている生徒の作品を紹介したりする。 ・和英辞典を使わせる。
Step 3 5分	4　本時の振り返りを行う。	・英文3コマ漫画を通じ，何か勉強になったことを振り返らせる。

4 授業展開例

❶ Step 1

　本時は，否定文の導入から，理解，そして，表現まで50分での扱いです。まず，否定文の導入は，「モノ」を教室に持ち込み，わざと言い方を間違え，そして，「あっ，これは〜じゃなかった」というように口頭導入します。

教師	I have a lot of things in this box. Look!
	Repeat.（トラのぬいぐるみを見せて）This is a lion.
生徒	This is a..... え〜〜〜違うよ。それトラだよ。
教師	Oh, sorry.　This is **not** a lion. It's a .....
生徒	Tiger!
教師	Yes, it's a tiger.（コアラのぬいぐるみを見せて）This is a panda!!
生徒	NO!!!!!
教師	Sorry. This is **not** a panda. It's a ....
生徒	Koala!

　このように，This is not a.... を，色々な物を取り出し，繰り返し聞かせます。その後，生徒に否定文を言わせていきます。

教師	先生がわざと間違えますので，皆さんは，No! That's not　....（それは〜じゃないよ）It's　...（それは〜だよ）と言って，先生に正しい言い方を教えてください。
	（キャベツの絵を見せて）This is a lettuce.
生徒	No! That's not a lettuce. It's a cabbage.
教師	（フライドポテトの絵を見せて）This is フライドポテト .
生徒	No. ..... That's not....a フライドポテト . It's ... French Fries.
教師	（ハンバーグの絵を見せて）This is a hamburg.
生徒	That's not a hamburg. It's a hamburg steak.
教師	（ロバの絵を見せて）This is a horse.
生徒	That's not a horse. It's a ....

　小学校外国語活動では，生徒は食べ物の表現を音声で学んできています。今までは習っていない単語があると使用するのをためらいがちでしたが，これからは，かなり多くの語彙に慣れ親しみ，習得してきた生徒たちですので，オーラルでの導入がやりやすくなってきています。

〈板書〉

This is a lion.
That is **not** a lion.
　（それはライオンではありません）
It's a tiger.

本時の基本文を，数回繰り返させるなど，not の言い方に慣れさせます。

　さて，英作文の活動です。ワークシートを配って…。おっと，その前に，本時の課題を提示しなくてはいけません。これがアクティブ・ラーニング型の英語授業の基本です。なぜなら，生徒に「主体性」を持たせ，「能動的」に活動させるためには，「これから何をするのか」「何のためにするのか」「この活動の目標は何か」等を知っていなくてはいけません。やることの目標がわかり，活動手順を知り，活動内容がわかってはじめて，「見通し」を持つことができます。

教師　否定文は，is の後ろに not を入れればよかったですね。では，その表現を使って，みんなに「英文３コマ漫画」を描いてもらいます。（と言って，プリントを見せる。）

生徒　え？？？

教師　黒板に書いたように，まず１コマ目は「これは〜です」と書きます。２コマ目は，それを否定して，「いやちがうよ。それは〜じゃないよ」と書きます。そして３コマ目で，「それは〜だよ」と相手に教えてあげます。もし，可能なら，外国人に日本のものを教えてあげるとかできるといいね。外国人が日本の生活とかで，迷いそうなもの…じゃ，ワークシートを配ります。

〈板書〉

> 英文３コマ漫画を作ろう

　ここで，生徒は「能動的」になります。与えられたワークシートを眺めながら，（何を書こうかな）と「思考」します。この「考える」ことが大切です。授業の中で，考える場面を創り出し，考えることを面倒くさがらない生徒を育てていくことが，新しいものを考え出す「創造性」を育むことにつながります。また，「主体性」と「自主性」は違います。「自主性」というのは，与えられた課題を自分から解決しようとする態度です。「主体性」とは，自主性にプラスして，そこに工夫や「創造性」が加わります。ノートを写すのも，単に黒板のものをそのまま写すだけでは，主体的な取組とは言えません。それは「自主的」と言います。主体的な学習とは，大事なところは，色ペンで書いたり，枠で囲んだり，「これが大事！」のように吹き出しを作って書いたり，工夫や創造性があって初めて，主体的な取組と言えます。

5 授業の振り返り・評価

　せっかく作成した英文３コマ漫画です。英語通信に載せたり，生徒同士見合ったりさせたいです。もし，本時で時間がなければ，次の時間に作品の読み合わせをしたらどうでしょうか。英語通信の場合は，8名ほどの作品を1枚の紙に印刷し，配ります。そして，大事なのが「振

り返り」です。友達の作品を読んで，「思ったこと，考えたこと，感じたこと」，そして「友達の作品から学んだこと」を書かせます。読んで終わりでは，記憶や表現の定着にはつながりません。学びとなりません。そこで，次のような振り返りシートを配ります。

振り返りシート
　　1　英文3コマ漫画づくりでは，一生懸命，考えようとしましたか。　4　3　2　1
　　2　一生懸命，書こうとしましたか。　　　　　　　　　　　　　　　4　3　2　1
　　3　友達の作品を見て，学んだ表現はなんですか。
　　（　　　　　　　　　　　　　　　　　　　　　　　　　　　　　　　　　　）
　　4　友達の作品を見て，感想を書きましょう。
　　（　　　　　　　　　　　　　　　　　　　　　　　　　　　　　　　　　　）

6　家庭学習の工夫

　私の宿題は，「毎時間，授業があった日に，自学ノート1ページ以上，英語関係で，埋めてくる」というものです。内容は何でも構いません。単語練習でもいいし，本文を写すのでもいいです。訳を書いてきてもいいです。習った文法を使って，自己表現させてもいいです。何でもいいから，英語関係で埋めるという毎日の課題です。もちろん，学校でやった3コマ漫画の第2作目を書いてくる生徒もいます。授業と家庭学習が連結します。

　自学ノートにも，自主性・主体性の取組の違いが，大きな差異となって表れるでしょう。

　工夫が見られる自学ノートなら，「主体的な取組」と言えます。そこを評価してもいいでしょう。単に，自学ノートのページに大きく花丸を描き，AAというように評価するだけです。また，よい自学ノートは，本人の承諾を得て，コピーして，みんなに配ります。すると，どんなノートが主体的な取組として評価されるのか，イメージが湧くでしょう。

〈自学メニュー（例）〉

　□　1　今日習った単語練習　5回ずつ書こう。
　□　2　自分で単語テストを作って，自分で解答しよう。
　□　3　教科書の本文を書き写そう。
　□　4　「あれ（それ）は〜じゃないよ」という文をイラスト付きで書こう。

7 ワークシートと4コママンガを掲載した英語通信の例

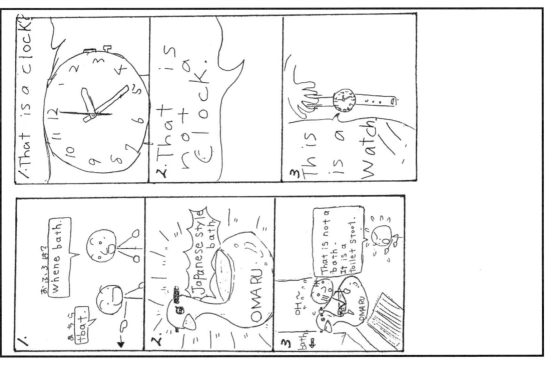

瀧沢広人『英語授業改革双書No.21 英語授業ライティング活動メニュー集』明治図書（1998） 　　（瀧沢　広人）

特定の言語活動に焦点を当てた アクティブ・ラーニング

学習場面			技能				
語彙・文法の学習	音読による学習	教科書本文を用いた学習	リスニング	リーディング	スピーキング	ライティング	複数技能統合
◎					●		
◎							◎
●							◎
●							

（行見出し）
- 英語を使いながら定着・発展を目指す学習のプロセスの中での理解・定着を目指す深い学び
- 英語を使いながら定着・発展を目指す学習のプロセスの中での表現・発信を目指す深い学び
- 他者との協働で英語への気づき，技能の向上につながる対話的な学び
- 学習者自身が見通しを持って能動的，主体的に取組む主体的な学び

1 授業のねらい

プレゼンテーション活動を通して，根拠となる図や表を有効に利用し，比較級や最上級などの比較表現を適切に使いながら，自分の提案について話したり説得力のある主張をしたりすることができる。

2 授業づくりのポイント

　本単元では，「言語の使用場面」を「プレゼンテーション」とし，「市長に立候補するための公約を発表する」というパフォーマンス活動を設定しました。この単元では，比較級や最上級などを新出文法事項として学びます。それらの表現は，自分の公約が他の候補者より優れた内容であることをより多くの人に納得してもらうようにするために，必然的に使用されることになります。また，公約の「プレゼンテーション」をより説得力のあるものにするために，図や表を使うなど，よりよい発表方法を考え構想を練り（思考・判断），他の候補者の公約内容と

比べて自分の主張を際立たせる（表現）ことにより，魅力的な提案ができることを実感させながら，結果的に新しい文法事項の学習ができるようにします。

　授業づくりをする上で，生徒が終末のパフォーマンスにおいて，プレゼンの内容・使用する英語表現ともに充実したものにできるように，単元を通して多くのスモール・パフォーマンスを段階的に設定して実施することを大切にしました。全12時間の中の単元指導計画の中に，6時間のスモール・パフォーマンスの機会を設定し，終末の活動を迎えるという単元計画を作成しました。

3 単元指導計画案・活動の流れ（全12時間）

単元指導計画　2年　Lesson 7「Good Presentations」『NEW CROWN 2』三省堂H24年度版

時	ねらい	◎課題 ◇生み出したい英語表現	【スモールトークのトピック】 終末の活動を見通した帯活動。既習の英語を用いて即興で会話を続ける活動
1	単元のねらいを理解し，単元の学習の見通しをもつことができる。また，単元の出口の活動について理解することができる。	◎単元の見通しをもち，必要な表現を覚えよう。【SP】 ◇I like summer better than winter. ◇Which do you like better, summer or winter?	Sweets!!
2	比較級や最上級，同級用法について理解することができる。	◎比較級・最上級・同級の使い方を理解しよう。 ◇An elephant is bigger than a rabbit. ◇Soccer is the most interesting of all sports. ◇Soccer is as popular as baseball in Japan.	What's your favorite sweets shop?
3 〜 5	教科書本文のいくつかのプレゼンテーションの内容を理解し，比較級・最上級・同級を使ったプレゼンテーションのよさを理解することができる。	◎表，グラフ，絵などを用いた説明の利点を理解しよう。【SP】 ◇ 教科書 p.78 1〜3行目の文 I'm interested in mountains.	Which do you like better, cakes or Japanese sweets?
6	図や表，グラフを使ったそれぞれのプレゼンテーションのよさを理解し，	◎図・グラフ・表はそれぞれのプレゼンテーションでどのような効果を出しているだろう。【SP】	Many people say, "I like cakes better than Japanese

	どの場面で比較級や最上級，同級を使うと効果的であるかを考え，出口の活動に生かそうとすることができる。	◇ 教科書 p.84 9～12行目の文 ◇ 教科書 p.85 5～6行目の文 ◇ 教科書 p.85 10～11行目の文	sweets" What do you think?
7	市長に立候補するために何を提案し，それを提案するためにどのようなアンケートをとったらよいか考え，アンケート活動に取り組むことができる。	◎目的や方法をはっきりさせて，公約文づくりの準備をしよう。 ◇Which do you like better, soccer or baseball? ◇Do you go to see the soccer games to the stadium? ◇Who is your favorite soccer player?	"Rice is more popular than bread." What do you think?
8	広く受け入れられる公約文を作るために，アンケート調査にもとづいて質問したり意見を求めたりする活動を通して，より多くの意見を求めることができる。	◎広く受け入れられる公約文にするために，市民の声を聞いてこよう。【SP】 ◇Which do you like better, soccer or baseball? ◇What do you think? - I think soccer is more popular than baseball. ◇Which are you interested in , playing soccer or watching soccer?	"Summer is the best season of all." What do you think?
9	アンケート結果を根拠として，図や表を有効に取り入れながら，市長に立候補するためのプレゼンテーション作りに取り組むことができる。	◎図や表を取り入れながら工夫しよう。 ◇I want to build a great soccer stadium. It's so big. This graph shows soccer is the most popular sport in this class. Do you like soccer? Who is your favorite soccer player? If I build the soccer stadium, I will have a big event there. You can see Uchida Atsuto at the event….	"Playing sports is more interesting than watching sports." What do you think?
10	仲間のアドバイスや全体交流を通して，より説得力のあるプレゼンテーションに改善できる。	◎説得力ある公約文になるように，仲間と練習しよう。	"Basketball is the most exciting sports of all." What do you think?
11	仲間の意見を取り入れながら，自分の提案をさらに説得力あるものにしたり，自分の提案をより広く受け入れられるように	◎市民の声を取り入れて，より広く受け入れられる公約文に修正しよう。 ◇I want to make our town rich. I want to build a great soccer stadium. It's as big as Tokyo	"Rice is as popular as bread." What do you think?

| | | Dome. This graph shows soccer is the most popular sport in this class. Do you like soccer? Uchida Atsuto is the most famous soccer player in my class. If I build the soccer stadium, I will have a big event there.… | |
| 12 | 仲間に，公約文をプレゼンテーションすることができる。 | ◎仲間に公約文をプレゼンテーションしよう。【P】（p.57公約例参照） | |

【SP】はスモール・パフォーマンス課題を，【P】はパフォーマンス課題を示す。

4 授業展開例（第8時）

　本時では，市長が掲げる公約がより多くの市民に受け入れられる内容になるように，市民の声を調査しようというスモール・パフォーマンス課題を行います。「市長が市民に街角インタビューを行う」という場面設定で，図や表を使いながらアンケート活動を行うため，必然的に比較級や最上級，同級を使うことになります。終末のプレゼンテーションがより相手意識をしたものになるよう，終末で用いるやりとりを想定しながらのインタビュー活動として位置付けました。また，アンケート活動をする際には，それぞれの立場で，どのような事柄を大切にしながら行うとよいかを全体で共通理解しました。

〈市長として〉
・手持ちのデータの中から，どのような話題から話を切り出すとよいかを考えて話す。
・気持ちよくアンケートに答えてもらえるよう，相手に共感しながら質問をし，話を深めていく。

〈市民として〉
・聞かれた質問に対して，自分の考えや感想を加えながら答える。
・自分の趣味や意向，考えを積極的に伝える。

　以下に，「この町で優秀なスポーツ選手を育てて，スポーツで有名な町にするために，スポーツ複合施設をつくる」という公約文を考えている生徒（市長候補）のアンケート活動の様子を示します。

市長　Hello.　I want to build a big sports center in this city.　Can I ask you some questions?

市民　OK.

市長　Many people say, "I like sports."　Do you like sports?

市民　Yes, I do.　I like tennis.

市長　Oh, you like tennis.　Who is your favorite tennis player?

市民　I like Nishikori Kei.

市長　Oh, you like Nishikori Kei.　He is cool.

市民　I think so, too.

市長　Many people say, "I think playing sports is more interesting than watching sports."

　　　What do you think?

市民　I like watching sports better than playing sports.　It's interesting.

市長　OK.　Thank you.

　このアンケート活動は，自分が考えている公約文をより多くの人に受け入れられるような内容に推敲するという意図を持った活動であったため，市長の立場である生徒は後に，このアンケート結果をもとにして，人気のあるスポーツ選手のイベントを企画するという魅力的な内容の公約文に仕上げていきました。

　実際に，生徒はこの活動の意図をよく理解しており，アンケートをとる際には "Many people say, … What do you think?" のように，話題を提供しながら個の意見に迫る質問の仕方をしました。もちろん，このようなフレーズは生徒に事前にインプットしておく必要があります。このインプットは，毎時間に行う「スモールトーク」で教師からトピックとして提供し，生徒同士がそのトピックについて意見を述べ合うという帯活動の中で慣れ親しんできました。

5 授業の振り返り・評価

　この単元では，公約の「プレゼンテーション」をより説得力のあるものにしようとしたか。そのために，人々の意向を聞き取り，多くの人に受け入れられる公約内容に仕上げることができたか。また，それを魅力的な提案として伝える発表方法の工夫ができたかという視点で振り返りを行わせました。生徒のパフォーマンス自己評価はおおむね高く，ねらいに合ったよりよいプレゼンテーションを行おうとしていました。また，単元を通してスモール・パフォーマンスを設定したことや意図的なスモールトークを仕組むことで，生徒は常に本単元の目標文法事項である比較級や最上級，同級を用いながら活動を行いました。終末のパフォーマンス活動を迎える頃には，どの生徒にも文法事項が定着していました。教科書の本文にあるプレゼンテーションの内容を何度も読んだり，アンケート活動を成功させるために仲間とロールプレイングしながら何度も練習を重ねたりする活動が，文法事項の定着につながったのだと言えます。

〈生徒の公約発表（例）〉

前述のアンケート調査をした生徒の実際の公約文です。

Hello. I want to build a big sports center in this city and I make our city famous in Japan. Do you like sports? (Yes!) Thank you. Look at this graph. Many people say, "I like playing sports better than watching sports." You can enjoy many kinds of sports there. If you want, you can watch sports games' live on big screen too. It's interesting! Look at this table. Soccer is the most popular sports. So I will build a big soccer stadium in Gifu and I will invite famous soccer players to Gifu!! Thank you.

6 家庭学習の工夫

　　第8時のアンケート活動を行うに当たっては，以下のような「Useful Expressions」を家庭学習として用意しました。暗記するというより，仲間同士で読んだり繰り返し練習したりすることを勧めました。

1	Can I ask you some questions?	いくつか質問してもいいですか？
2	I want to make Gifu busy.	私は岐阜を賑やかにしたいです。
3	I want many people to come to Gifu.	私はたくさんの人に岐阜に来て欲しいです。
4	I think Gifu is not so famous in Japan.	私は，岐阜は日本でそんなに有名ではないと思います。
5	So, I want to build a big soccer stadium in Gifu.	だから，私は岐阜に大きなサッカースタジアムをつくりたいです。
6	Many people say, "I like soccer the best."	多くの人が，「私はサッカーが一番好きだ。」と言っています。
7	What sport do you like the best?	あなたが一番好きなスポーツは何ですか？
8	Many people like soccer better than any other sports.　How about you?	多くの人が，他のスポーツよりもサッカーが好きです。あなたはどうですか。
9	A：Who is the best soccer player in Japan? B：Mr. Honda is.	A：日本で一番のサッカー選手は誰ですか。 B：本田選手です。
10	I like soccer the best. But I think baseball is as interesting as soccer.	私はサッカーが一番好きです。でも私は，野球はサッカーと同じくらい面白いと思います。
11	Thank you for your time.	インタビューさせてもらってありがとうございます。

（水﨑　綾香）

ロールプレイで スピーキングにつなげる音読活動

	学習場面			技能				
	語彙・文法の学習	音読による学習	教科書本文を用いた学習	リスニング	リーディング	スピーキング	ライティング	複数技能統合
英語を使いながら定着・発展を目指す学習のプロセスの中での理解・定着を目指す深い学び		●			●			
英語を使いながら定着・発展を目指す学習のプロセスの中での表現・発信を目指す深い学び		◎				●	●	
他者との協働で英語への気づき，技能の向上につながる対話的な学び		◎						
学習者自身が見通しを持って能動的，主体的に取組む主体的な学び		◎						

1 授業のねらい

食卓での会話の場面の状況を理解し，話す内容に合わせてジェスチャーや演技を加えながら発表することができる。

2 授業づくりのポイント

　本課は，夕食に招かれた登場人物が食卓を囲んで会話をする場面です。2時間扱いとし，第1時に内容理解と音読練習，第2時にオリジナルスキットのロールプレイを設定しました。ロールプレイを行うことで，音読練習だけではわかりづらい，会話の「間」やセリフに合わせた演技の工夫など，言葉の働きや意味を考えることができました。単なる音読から，創作ロールプレイにつなげることで話す力の育成にもなります。

3 学習指導案・活動の流れ（2時間計画）

時間	生徒の学習活動	教師の指導・支援
第1時 Step 1 10分	（帯学習） 1 DVD教材を用いて本文の内容理解をする。次時にペアでロールプレイすることを伝える。 2 基本表現の練習をする。 "Would you like 〜 ?"	・練習時間を確保するため，映像教材を用いて内容理解の時間を短縮する。また，ロールプレイをすることを事前に伝えることで音読練習の意欲を高める。 ・パタンプラクティスで食卓に出てくる飲食物を生徒に考えさせる。
Step 2 30分	3 単語の練習をする。 4 本文の音読練習をする。 ・一人読み　　・Repetition ・好きな人読み・サイン会など 5 次時の予告をする。	・フォニックスの知識を活用させるために，教師の範読の前に生徒自身に単語を発音させる。 ・ロールプレイにつなげるために様々な方法で音読練習を行う。 ・本文をもとにしたオリジナルスキットを作成することを宿題にする。次時はそれをもとにロールプレイをすることを伝える。
第2時 Step 3 25分	（帯学習） 1 前時の復習をする。 2 ペアでオリジナルスキットを作成する。 3 ロールプレイの練習をする。	・口慣らしのために復習を兼ねて音読をする。 ・本文の料理名を変えたり，教科書のTool Boxの表現を使用させたりする。 ・発表の時間を伝え，見通しを持って練習に取り組ませる。
Step 4 15分	4 ロールプレイを行う。 5 振り返りをする。	・小道具を使用させ，臨場感を持たせる。 ・自分の振り返りだけでなく，友人のよかった点なども書かせる。

4 授業展開例

❶ Step 1

　本文は，食卓での会話の場面です。生徒が自分の身の回りの人を英語で紹介する際に，参考となる表現が多く出てきます。第2時は本文をもとにしたオリジナルスキットのロールプレイになりますので，その成功のためにも第1時は正しい発音で音読できることを目標とし，練習時間の確保のために内容理解は視聴覚教材を活用して短時間で行いました。

　また，映像を見ることでロールプレイのイメージ作りにもなります。最後の活動を意識しながら音読練習に取り組むことは，生徒の意欲の喚起，練習の質の向上につながります。

❷ Step 2

　ここではきちんとした発音を身につけ，暗唱につなげることが目的です。しかし，何度も繰り返して読めばよいわけではありません。始めの段階で正しい発音で音読できるように生徒の音読をモニタリングし，音変化がある箇所や，すらすらと読めないところを抜き出して指導しました。音変化については生徒に常に意識させています。この場面でも，教師が一方的に教えるのではなく，自分たちで見つけさせることが自律的な学習者の育成につながります。

　音読練習の後半は，様々なバリエーションで音読の回数を増やしました。

①好きな人読み

　一斉読みの一つです。生徒は対話文の登場人物のどちらかを選び，そのパートを音読します。教師が割り当てるのではなく生徒自身が選ぶことで，自発的な発表につなげる意図があります。

②サイン会

　ア　男子は黒，女子は赤のペンを持ちます。
　イ　友人とじゃんけんをし，勝った方が最初の，負けた方はもう一方のパートを読みます。
　ウ　読み終わったら相手の教科書にサインを書きます。
　エ　別の友人を見つけ，以上の手順を繰り返します。

　この音読はポイント制です。同性のサインは1点，異性のサインは3点となります。また，教師のサインは5点などとしてもよいでしょう。音読回数を増やしながら，様々なクラスメートと練習をすることができます。

❸ Step 3

　本時では授業のまとめとしてオリジナルスキットのロールプレイを設定しました。生徒は本

文の復習音読をした後で，宿題で書いてきたオリジナルスキットをペアで一つの作品にまとめる作業を行いました。家庭学習ではわからなかった表現を，教師やパートナーに聞いたりして，10分ほどで仕上げていました。

　次にロールプレイの練習に移りましたが，練習の際に大切にしたいのがタイムマネジメントです。この授業では，生徒の練習の質を高めるために時間配分を以下のように工夫しました。

---

①練習時間を設定する。（今回は授業終了から逆算すると10分ほど設定可能でした。）
②まるまる10分与えるのではなく，まずは発表の開始時間を5〜7分後に設定する。
③時間がきたら練習をやめさせ，"Do you want to practice more?" と生徒に聞く。
④練習をもっとしたい意思があるようなら，教師は "How many minutes do you want? Please show me with your fingers." と聞き，練習したい時間を指で示させる。
⑤練習時間を提示し，再度練習に取り組ませる。

　初めの練習時間は，「もう少し時間が欲しい」と生徒が感じるくらいがちょうどよいです。まだ練習がしたい生徒たちに再度練習をさせると，残りの時間はそれまで以上に必死になって練習に取り組みます。「よっしゃー！」と気合いを入れる男子もいました。この手法は「延長請求権」と呼ばれており，関西外国語大学の中嶋洋一先生に教えていただいたものです。受け身的な練習から，自分からやりたくなる練習に変わる瞬間を見ることができました。

❹ Step 4

　ロールプレイの発表は空き教室を活用してビデオに記録します。自分たちの教室は練習会場とし，ALT に担当してもらいました。空き教室にテーブルのように机をセッティングし，準備したフォークやスプーン，紙皿などの小道具を自由に使ってよいと伝えました。発表したいペアから順番に行いました。私が担当する学級は少人数だったため10分程度で全ペアの撮影が終わりましたが，生徒数が多い場合は，単元のまとめ学習の時間などを裏番組としてセットで行うとよいでしょう。

　発表では，音読練習のときにはあまり気をつけていなかった「会話中の間（ま）」や，「動作を伴った話し方」がうまく表現されていました。生徒の感想にも，これらに気をつけて練習したことが書かれてあり，小道具を用いたロールプレイが英語の自然な使用場面をつくり上げることを実感しました。このような体験をすることで今後の音読練習の際に，適切な「間」や「動き」に気をつけて練習するようになります。

5 授業の振り返り・評価

　発表終了後，生徒にはノートに振り返りを書かせました。自分の思ったように発表できる生徒はそういません。うまくいかなかったことや練習中に気づいたことを書くことで，次の目標につながります。

　発表の評価は，①発表態度（声の大きさ，ジェスチャー），②独創性，③発音の３つの観点で行います。後日録画されたビデオを見て教師が評価しますが，生徒にも自分たちの発表を見せることをお勧めします。自分や友人の発表を客観的に見ることで，生徒の自己評価の基準が整理され，質が次第に高まってくるからです。自分と他者の発表を見比べることで自分の課題を発見することができます。

〈生徒の感想〉

感想

●●●さんと　協力して、文を考え、役をきめ、練習でも楽しかったです。

考えてきた　オリジナルで　ロールプレイングをしたので、●●●さんや、他のグループ

などとの違いや　文章の構成などを知ることができよかったです。

自然な流れでできるよう、間のとりや　身ぶりなどかんばりたい守。

6 家庭学習の工夫— 「こうかん日記」で家庭学習の提出率アップ—

　家庭学習は授業と授業をつなげるのに重要なものです。私は「マイテーノート」という家庭学習ノートを生徒に課しています（１年音読基礎・基本パート参照）。生徒はこのノートに単語練習や本文の書き取りをしてきますが，過去形を習う１年生３学期からは「英文日記」がメニューに加わります。

　はじめは３文書くことから始めます。授業始めに生徒は，書いてきた日記を４人グループで「交換」します。友人が書いてきた英文を読み，英語でコメントや内容に関する質問を書きま

す。グループ全員の日記にコメントを書いたらこの活動は終了ですが，自分のノートが返って
くると生徒はまた真剣に読み始めます。友人が書いたコメントが気になるからです。書かれた
質問に答える生徒も出てきます。友人のコメントに「好感」を持つようになり，クラスの雰囲
気もよくなります。日記を「交換」し，活動後には「好感」が残るので，「こうかん日記」と
読んでいます。恩師の畑中豊先生に教えていただいた活動です。

　この活動を継続して行うと，家庭学習の提出率はほぼ100パーセントになります。理由は2
つあります。1つ目は，創作的な課題なので主体的に取り組めるからです。初めのうちは日記
を書くようにしていますが，生徒は次第に，休日にしたいことや自分の好きなことなどについ
て自由に書いてくるようになりました。

　提出率が上がる理由の2つ目は，自分が忘れると友人が困る，ということです。この活動は
4人で日記を回すので，自分が忘れると，他の生徒がすることがなくなってしまいます。友人
を困らすわけにはいかないので，やってくるようになります。もし忘れた場合でも，休み時間
などに急いで英文を書いたりしていました。協同的な活動はアクティブラーニングに欠かせま
せん。また，友人が書いた表現を学び，自分の日記に取り入れる生徒も出てきます。

〈生徒が作ったスキット〉

A　This dish is delicious. What is it called?

B　It's called jakoten. It's made from fish and it's made in Ehime. Would you
like another piece of jakoten?

A　Yes, please. That smells good.

A　Would you like some fruit for dessert?

B　No, thank you. I'm full.
It was delicious. Thank you.

（松本　涼一）

ピクチャーカードを活用した アクティブ・リスニング

	学習場面			技能				
	語彙・文法の学習	音読による学習	教科書本文を用いた学習	リスニング	リーディング	スピーキング	ライティング	複数技能統合
英語を使いながら定着・発展を目指す学習のプロセスの中での理解・定着を目指す深い学び			◎					
英語を使いながら定着・発展を目指す学習のプロセスの中での表現・発信を目指す深い学び			●					◎
他者との協働で英語への気づき，技能の向上につながる対話的な学び			◎					
学習者自身が見通しを持って能動的，主体的に取組む主体的な学び			●	◎				

1 授業のねらい

　教科書本文の内容を導入する際にオーラルイントロダクションから内容理解へと，段階を追ったリスニング活動を組んでいる。聞き手が主体となるような聞き方を可能にするタスクとして教科書付属のピクチャーカードを用い，さらに，発問を工夫して聞き取りの焦点を絞ったリスニング活動を行う。また，ピクチャーカードを利用して，リスニング活動からスピーキング活動へとつなげることをねらいとしている。

2 授業づくりのポイント

　教科書本文の内容を導入する際，教科書を開かせて，英文を見ながら聞かせるリスニングの方法ではなく，目的意識を持って聞かせることが必要となります。そこで，本文のピクチャーカードを並び替えるというタスクを通して，内容に関する理解を深め，さらに，詳しい聞き取りポイントを意識しながら聞くという段階を踏んだ活動となっています。その後，理解した内

容を英語で表現する「発信」を目指した指導過程を組みました。リスニング→リーディング
→Q＆A→スピーキングへと段階を追って，たくさんの英語を聞きながら，本文を理解し，
表現する活動を設定しています。

3 学習指導案・活動の流れ（50分）

時間	生徒の学習活動	教師の指導・支援
Step 1 5分	1 ピクチャーカードに関する質問に答える。 2 ピクチャーカードを使用し，新出語を導入しながら，ピクチャーカードを黒板にランダムに配置する。	・教科書の登場人物，既習事項について英語で質問をする。内容に関する質問はしない。 ・絵を使用することで，簡単に単語の意味が理解でき，その後のリスニング活動への一助となる。
Step 2 7分	3 本文を聞きながら，ピクチャーカードを頭の中で正しい順番に並び替える。 4 友達と答えを確認する。 5 内容に関する質問の答えを考えながら聞き取る。	・教科書は開かせず，聞かせる。 ・概要を理解することに集中させる。 ・生徒の意見でピクチャーカードを並び替えた後，再度聞かせる。 ・内容に関する質問を出し，聞き取りポイントを意識しながら聞かせる。
Step 3 7分	6 教科書を開け，文字を見て内容を読み取る。 7 新出単語をフラッシュカードで練習する。 8 教科書を見ながら，内容に関する質問に答える。	 ・ピクチャーカードを使いながら，より詳しい内容に関する質問をする。
Step 4 15分	9 音読練習をする。	・易→難となるよう様々な音読練習を行う。
Step 5 16分	10 ピクチャーカードの絵とキーワードを見ながら，内容を復元する練習をする。	

4 授業展開例

❶ Step 1

　本課のピクチャーカードを内容と一致しない順番で見せながら，登場人物や前課の内容等に
関する質問をしていく。"Who is this boy?" "Where is he from?" "What sports does
he play?" など既習事項で簡単に答えられる質問をする。生徒は口々に "Taku." "He's
Taku." "The U.S." "He plays baseball and basketball." などと答えます。単語レベルで
答えていたら，"Sentence, please." と言い，文で答えることを促します。これを繰り返す

ことで，既習事項を何度も耳にして，常に振り返ることで定着を図っています。また，他の生徒が答えるのを聞き，その質問に対する答え方を学ぶことができます。

　ある程度，内容を復習したところで，ピクチャーカードを使いながら新出語の導入をします。例えば，動物と草原の写真があるピクチャーカードを見せながら，"This is a park. The name is Serengeti National Park. It's a very big park." や牛とヌーのピクチャーカードを見せて，牛を指差しながら "What's this?" とたずねます。生徒は，"Cow." と答えます。続いて，ヌーを指差しながら "What's this?" とたずねます。しかし，新出単語なので生徒はわからないので "This is a gnu." と言い，リピートさせます。このように難しい単語も，リスニングと絵を使うことで理解させることができます。生徒は日本語訳を介さずにどんな意味だろうと考えながら理解をしていきます。

　この後，本文の内容を聞き取るために必須な新出単語をいくつか導入しながら，黒板にピクチャーカードをランダムに並べていきます。私は，黒板のチョークを置く場所を利用しておいています。それは，その後正しい順番に並び替える時に時間がかからないからです。もちろん，黒板にマグネット等で貼っても構わないと思います。

❷ Step 2

　黒板には，本課のピクチャーカードがランダムに並べてあります。教師は，"Listen to the story and change the order of the pictures." と指示をします。生徒は，教科書を開けず，絵だけを見ながら頭の中で正しい順番に並び替えます。聞き終わった後，"Talk in pairs." と指示をし，友達と答えの確認をします。生徒は自分が聞き取れた情報に，ペアの生徒の情報も加えてストーリーの内容を推測していきます。その後，生徒から答えを聞き，その順番にピクチャーカードを並び替えます。ここでは，正解かどうかはまだ言わずに，もう一度確認させるために本文を聞きます。生徒の答えが合っていない時は，そのままもう一度聞かせ考えさせます。合っている時には，教師がストーリーに合わせて，内容が理解しやすいようにピクチャーカードの内容に関する部分を指差しながら聞かせます。こうすることで，聞いている英語と絵が一致するため，単語や文の意味を理解することにつながります。

　正しく並び替えられたら，内容に関する質問を1つします。"Which is larger, Serengeti or Minami Kanto?"（ピクチャーカードにある面積の数字は隠しておく）と問いかけ，もう一度聞かせます。今度は，質問だけに集中して聞くので，また違ったポイントを意識させ理解が深まるように聞かせます。

❸ Step 3

　音声による内容理解が終わったところで，教科書を開本させ，先ほどした質問を，リーディングの活動として取り組ませ，質問の答えにあたる部分にアンダーラインを引かせます。ペアで，友達と答えのシェアをした後，生徒から答えを聞き，確認します。

　新出単語は，フラッシュカードで練習し，その後，ピクチャーカードを使い内容に関する質

問をしていきます。セレンゲティ国立公園の写真を見せながら，T："What's this?" Ss："It's Serengeti National Park." T："What is famous for?" Ss："A variety of animals." T："Where is Serengeti National Park?" などのように，教科書本文の情報を用いて答えられる，内容理解を確認するような質問をします。また，途中でT："Do you want to go there?" Ss："Yes." T："Why do you want to go there?" など本文の内容に関連してはいるが，教科書に載っていない情報の質問をすることで，生徒が本文の話題を自分のこととして考え，アクティブに聞こうとする態度につながり，さらに，即興で答えるスピーキング力の育成にもつながります。

❹ Step 4

内容理解をした後は，音読練習をします。私は，音読練習では，最終的に，ピクチャーカード使って，内容を復元できるようにするために音読練習をすることを目指しステップを組んで指導計画を立てています。具体的には，①正しく読める，②発音，イントネーション等にも注意をはらい読める，③教科書をチラッと見て顔を上げて読める，④キーワードとピクチャーカードを使い内容を言える，⑤ピクチャーカードだけで内容を言うことができる，といった段階を設定しています。

ここで大切なことは，音読練習の先に何があるかということです。音読練習を行うことが何に繋がるのか。それぞれの音読活動の目的をしっかりと意識し，生徒にも伝え指導することで，生徒が自主的に練習するアクティブ・ラーニングにつながる大切なポイントです。

❺ Step 5

ペアになり，相手に写真を見せながら，教科書の内容を英語で復元していきます。相手の生徒は，内容を復元している生徒が言えない場合は，教科書を見て次の単語等を教えてあげます。ここでは，友達の話をしっかり聞くというリスニング活動があります。練習問題を解くために英語を聞くのとは違う，友達を助けるために真剣に聞く生徒の姿が見られると思います。1分したら交代をします。さらに，ペアを変えて活動をくり返します。机間巡視をして，上手にできている生徒がいたら，全体の前で模範として行わせます。生徒が行う具体的な目標を示すことでさらに練習に熱が入ります。1回の授業でいくら練習を積んでも，身につくものではありません。次の授業からは，帯学習でキーワードを使って，内容を復元する練習を継続して実施していきます。

5 授業の振り返り・評価

継続的に教科書の内容について，キーワードを頼りにして再生する活動を行ってきました。そこで，定期テストにおいて，その定着の様子を評価しました。以下に示した例が，実際に出題した問題です。生徒は，ピクチャーカードを参考にしながら，本文の内容を自分の言葉で書いて表現するように求められます。

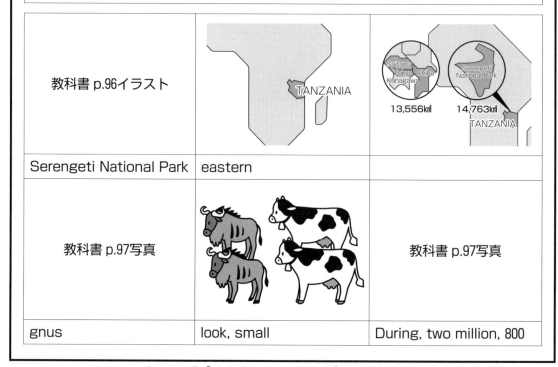

【設問】下の絵に合うストーリーになるように Key Word を参考にして英語で書きなさい。

セレンゲティ国立公園（Serengeti National Park）

Key word
Tanzania, Africa, Minami-Kanto, gnus, During, two million, 800 kilometers

教科書 p.96イラスト		
Serengeti National Park	eastern	
教科書 p.97写真		教科書 p.97写真
gnus	look, small	During, two million, 800

Lesson 7 「World Heritage Sites」『TOTAL ENGLISH 2』学校図書　H24年度版

6 家庭学習の工夫

　今回は，定期テストにこの「セレンゲティ国立公園を紹介しなさい」という問題を出題しました。この課題は，事前に予告してあります。生徒は，目的を持って家庭学習に取り組んでいました。スピーキングテストとして，評価をすることもできます。生徒は，目指す姿がイメージでき，練習をする意味を理解し，正しく評価をすれば，自発的に家庭学習に取り組むようになります。

　さらに本課では，「日本の世界遺産を紹介しよう」というプロジェクトを行いました。グループごとに兵庫（姫路城），広島（厳島神社）等を選びプレゼンを行いました。生徒は，単元の初めから，このプロジェクトがあることを意識して学習に臨んでいます。これらのプレゼン

テーションの準備や練習は，50分の授業内ですべてを行うことはできません。そこで，教室の中での学びや体験を基にして，家庭で取り組ませるようにしました。

　最終的には，帰国したALTにプレゼンの様子を撮影して送り，さらにそのALTから返事のビデオレターをもらいました。疑似体験でなく，authentic な素材・活動を導入することも学習意欲を高め，アクティブ・ラーニングを加速させる効果があるものと考えます。

7 ワークシート例

〈「日本の世界遺産を紹介しよう」で兵庫（姫路城）を紹介したグループの原稿〉

[INTRODUCTION]

Hello, everyone.

Do you know Hyogo? We're going to talk about there. Hyogo has a lot of history and famous things. There is a lot of history and famous things. There are a lot of interesting buildings, festival and delicious food. Please enjoy our presentation.

[World Heritage Site]

Himeji Castle is a very beautiful castle. Himeji Castle was built about six hundred eighty-two years ago. It was built by Ikeda Terumasa. Himeji Castle with cherry blossoms is very beautiful and moving. It is a World Heritage Site. It is very big and powerful. But it is very old. I think it is the most famous castle in Japan. Himeji Castle has another name. It is " Shirasagi Castle" because Himeji Castle is a very beautiful WHITE castle. So, I think Himeji Castle is the most beautiful castle in Japan. If you go to Hyogo, you should visit Himeji Castle.

[Festival]

Do you know the Kenka festival? You should go to the Kenka festival because you can be strong and it is very excting. You should see it. It is held in every fall. It is a very famous festival in Hyogo. But it is a little dangerous festival. I think it is the most interesting festival in Japan. I want to join it someday. But people fight with " Mikoshi" in the festival. So, Kenka festival is very hard. But you should join it.

[Food]

There are also a lot of delicious food from Hyogo. The most famous vegetable in Hyogo is the sweet onion in Awajishima. Famous fruits are grapes. Kobe meat and Tajima meat are famous, too. Hyogo has many traditional food. Look at these pictures. These are "Botannabe" and "Akashiyaki". They're very famous food in Hyogo. A wild boar meat is used in the Botannabe. A wild boar meat means "Inoshihi no Niku" in Japanese. I hear it looks lilke "Botan" flowers. You use many eggs to make "Akashiyaki" That looks like "Takoyaki." But you use "Dashi" soup.That is very popular in Hyogo. I like "Akashiyaki" the best. You should visit Hyogo.

[ENDING]

You should visit Hyogo someday.　There are many exciting things to learn, eat and see there. Thank you for listening to our speech.

（高橋　洋）

ワード・サーチによる
アクティブ・リーディング

学習場面			技能				
語彙・文法の学習	音読による学習	教科書本文を用いた学習	リスニング	リーディング	スピーキング	ライティング	複数技能統合
◎		◎		◎			
●		●					
◎		●					
◎		◎		◎			

（左の行ラベル）
- 英語を使いながら定着・発展を目指す学習のプロセスの中での理解・定着を目指す深い学び
- 英語を使いながら定着・発展を目指す学習のプロセスの中での表現・発信を目指す深い学び
- 他者との協働で英語への気づき，技能の向上につながる対話的な学び
- 学習者自身が見通しを持って能動的，主体的に取組む主体的な学び

1 授業のねらい

> 　未知語の意味を類推しながら，まとまった英文を主体的に読み進め，ペア活動で協働しながら語彙の定着を図る。また，語のイメージを自分に引き寄せて捉えることができる。

2 授業づくりのポイント

　「読むこと」を中心に扱う教科書の本文では，多くの新出単語が登場するため，読む際に生徒は未知語に出くわして，文脈や話題の背景知識をフルに活用しても，内容理解が難しい場合があります。生徒が本文の内容を類推しながら主体的に読み進めていけるのが，「ワード・サーチ」です。日本語の意味にふさわしい英語の語句を本文中から探し出し，ターゲットの語句を探し英文の内容を類推しながら読むのです。ここでは，出発点は日本語，しかし，たどり着いた先は英語となり，学習者の頭の中に英語の表現が残るような仕掛けとなっています。

3 学習指導案・活動の流れ（50分）

時間	生徒の学習活動	教師の指導・支援
Step 1 5分 5分	1 ピクチャーカードを参考にしながら，教師の英語による Oral Introduction や CD のストーリーを聞く。 2 内容にふさわしい絵を選んだり，内容に関する簡単なクイズに答えたりする。	・ピクチャーカードを提示したり，ジェスチャーを使ったりしながら，生徒の大まかな内容理解を促す。物語の詳細よりも，全体のアウトラインをつかませるようにする。 ・生徒の内容理解度確認するための簡単な発問，クイズを行う。
Step 2 10分	課題1　リストに示された日本語の意味に合う英語を，本文中から探してみよう。	
	3 ワード・サーチ 日本語の意味に合う本文中の英単語を探し，フレーズ・チェックシートに記入する。教師による導入した文脈による情報を参考にしたり，フレーズ・チェックシートの語順を頼りにしたりして，単語の意味を推測しながらふさわしい英単語を探していく。 4 答え合わせをしながら，単語の発音練習をする。	・生徒が類推する際のヒントになるように，単語は本文に登場する順に並べる。また，新出単語のみではなく，既習であっても確認したい語，他の語を類推する際にヒントとなる語などもリストに加えるようにする。 ・正しい発音モデルを提供し確認する。
Step 3	課題2　ペアで助け合いながらフレーズ・チェックシートの語句を練習，定着させよう。	
2分 3分 5分 	5 チェックシートを使って各自で練習する。 6 すべての単語がスムーズに発音できるようにペアで助け合って練習し，互いに確認する。 7 日本語の意味を聞いて，英語が言えるようにペアで助け合って練習し，互いに確認する。 8 単語のイメージを膨らませるために「ポジティブ，ネガティブ，ニュートラル」イメージ判定を行う。	・正しい発音ができるように，意味と単語がつながるように支援する。 ・ペアの内の一人が出題し，もう一人が答える。分からないときは，答えをすぐに言うのではなく，思い出させるヒントを出すように指導する。 ・正解があるわけではなく，それぞれの語の自分なりのイメージを作らせることで，何度も単語を思い浮かばせる。
20分	9 音読等により定着を図る。（省略）	・この後，音読等により定着を図る活動につなげていく。

4 授業展開例

Sawyer is a shy 11-year-old boy. One day, he sees a dolphin on a beach. The dolphin has a serious tail injury. Sawyer tries to help her. Soon some people from an aquarium come to rescue her. They name her Winter and take good care of her. Sawyer visits the aquarium every day to see her.

Winter knows that Sawyer saved her life. So she looks happy when she sees Sawyer. Winter becomes his best friend.

Winter looks happy, but her condition does not get better.

Unit 7 「The Movie *Dolphin Tale*」『NEW HORIZON English Course 2』東京書籍　H28年度版

❶ Step 1

　まず，本文の大まかな内容が伝わる程度のオーラル・イントロダクションを行います。生徒は，これからどんな話題について読むのか，若干の背景知識を活性化させることができます。さらに，○×クイズなどを行い，オーラル・イントロダクションの理解度を確認しワード・サーチの活動に移ります。

教師　Now please take a look at the handout. This is a "Phrase Check Sheet". You can see Japanese words on the left side. Please find an English word for each Japanese word. The English words must be in the story. Read carefully and find them!

生徒　OK!

❷ Step 2

　これまでにも，同様のワークシートでワード・サーチを経験している生徒たちは，リストの単語はストーリーに登場している順番に並べられていることを把握しています。日本語の意味を頼りに，早速，英文をはじめから黙読し始めました。語彙力や英語に自信のある生徒たちが，どんどん読み進め，適切な英単語をワークシートに記入していく一方で，かなり苦戦している生徒の姿も見られます。

（生徒Aのつぶやき）

　最初は，「恥ずかしがり屋」をさがすんだよな～。えーっと。「恥ずかしい」って？　英語でなんて言うのかな？　習った覚えがないな…待てよ！次の欄に「○○ day」って書いてあるから，それより前にあるはずだな…。

Sawyer is a shy 11-year-old boy. One day

　この中のどれかだな。どれかな？「Sawyer」は，人の名前だったな。「boy」は，「男の子」だし，11は数字だし，残りは「shy」かな？「恥ずかしがり屋の男の子」ってことかな？「スカイ」って読むのかな？

　Aくんは，何とか目標の単語にたどり着けたようで，「Sawyerくんという11歳の男の子が，どうやら恥ずかしがり屋なのかな？」という，意味理解に至ったようです。しかし，その単語がどう発音されるかはいまだ「なぞ」のまま。今度は，Bさんのつぶやきにも耳を傾けてみましょう。彼女は，英語はさほど得意ではないのですが，ワード・サーチにはずいぶん慣れてきて，本人曰く「最近は，英語の『勘』がさえてきている」そうです。
（生徒Bのつぶやき）

　「2．重い」は「heavy」だから…どこにあるかな？ 「heavy」？ 無いな！ あれ，次の「しっぽ」が「tail」って書いてあるから，それより前か？「tail」のあとは，「けが」。

The dolphin has a serious tail injury.

　となると，もしかして「しっぽの怪我」？ そういえば，さっき先生がイルカが怪我したみたいなこと言っていた気がする。今日も「勘」が冴えてきたぞ！「injury」が「けが」で「serious」が「重い」？ なるほど，「重い」のは「体重」じゃなくて，けがの具合か！ 確かに，もう一つの意味に「重大な」って書いてある。そういえば，さっき先生が「シリアル？」だか「シリアス」だか言っていた気がする。「シリアス」と言えば，「まじめなドラマ」？のこと？「結構ヤバイ怪我なんだ！」

　かなり，遠回りをしているように思えますが，まさに，Bさんの英語力を総動員して文脈や内容を推測しながら，読みを自力で進めていく様子がつぶやきから伝わってきます。

　この後，それぞれの単語の発音の練習を行います。発音を行う際には，教師が「No,1」と番号だけを指示し，まずは生徒に発音させます。後を追うように教師の正しい発音を示し生徒にリピートさせます。生徒は最初に発音するとき，正しく発音する自信がなくボソボソと発音したり，誤った発音をしたりすることもあります。しかし，それも生徒にとっては，単語の発音について「仮説」を立て，その仮説を「検証」し，正しい発音に修正する貴重な学びの機会ととらえたいものです。

❸ Step3

　ペアによる活動に入る前に，必ず個人練習時間を取るようにします。その際，「どの単語も，英語を見てスラスラ発音できるようにしましょう。また，日本語の意味を見て英語で言えるようにしましょう。」と学習の目標を明確に伝えます。まずは，誰の手も借りずにどれだけできるか，どこが難しいのか全員の生徒が自らの学びの状況を自ら判断することは大切です。今，何が足りなくて，今後，何をしていかなければならないかを考えることで，自ら学びのサイク

ルを作り出し，自律的な学習者に育っていくことになります。

　各自の練習が終わったら，ペアの学習になります。一人では解決できなかった事柄をお互いに補い合って学習します。また，できたつもり，わかったつもりであった部分がないかどうか，お互いに確かめ合うことでより確実に定着させることができます。語彙の学習では，通常次のようなステップで確かめ合いをしていきます。

①単語の発音

　ペアの内の一人が，チェックシートの番号を言い，もう一人がその番号の英語を発音する。正確にできた単語は，チェックシートのチェック欄に○をつける。両者ともワークシートを見ながらの活動。

②単語と意味の結びつき（英語→日本語）

　ペアの内の一人が，チェックシートの英語を読み，もう一人が，ワークシートを見ずに，その単語の意味を日本語で言う。正確にできた単語は，チェックシートのチェック欄に○をつける。出題者のみワークシートを見ながら行う活動。

③意味と単語の結びつき（日本語→英語）

　ペアの内の一人が，チェックシートの日本語の意味を読み，もう一人が，ワークシートを見ずに，その単語を発音する。正確にできた単語は，チェックシートのチェック欄に○をつける。出題者のみワークシートを見ながら行う活動。

　チェックシートを用いたペアワークでは，英単語と日本語の意味の1対1対応的な学習になりがちです。そこで，それぞれの英単語のもつ意味の広がりを少しでも理解し，各自のイメージを膨らませるために「ポジティブ，ネガティブ，ニュートラル」イメージ判定活動を行います。フレーズ・チェックシートのそれぞれの単語を「肯定的」か「否定的」か「どちらでもない中間」か，各自の独断にて決めるという活動です。同じ単語であっても判断が分かれることもあります。たとえば，「rescue」は，困っている人を助けるので"positive"とする生徒がいる一方で，「rescue」が必要な状況に陥っていること自体"negative"なイメージだと考える生徒もいます。正解は，もちろんあるわけではなく，各生徒がそれぞれの感覚で，様々な理由をつけて判定すればそれでよいということになります。この活動では，どう判定したかということよりも，判定するために生徒自身が単語とその意味を思い浮かべ，自分の経験や思いに引き寄せて考えてみる過程に意味がある活動です。

5 授業の振り返り・評価

　本授業のねらいは，生徒が未知語を含む英文であっても意味を類推しながら読み進めていくこと，さらに，新たに出会った語句を協働的に学習していくことでした。そこで，次のような項目を設けた振り返りシートを配布し学習について考えてもらうことにしました。

<振り返りシート>

1．フレーズ・チェックシートを手掛かりに，英文を読み進めようとしましたか。

4　3　2　1

2．ペアで協力してフレーズ・チェックシートの語句を確かめ合おうとしましたか。

4　3　2　1

3．友達の単語のイメージから気が付いたことはありますか。（　　　　　　　　　　）

6 家庭学習の工夫

　語彙の学習は，時間をおいて繰り返し行うことが有効です。そこで，フレーズ・チェックシートを家庭学習でも活用して，Step 3で行った①単語の発音②単語と意味の結びつき（英語→日本語）③意味と単語の結びつき（日本語→英語）を継続して行うようにします。また，授業内で行った音読の活動を受けて，家庭でも本文の音読を行わせます。教科書本文の中でそれぞれの単語に何度も出会うことで，一緒に使われる語に注意が向けられたり，文の中での用いられ方に気づいたりすることが期待できます。また，本時の中では，単語を書くことは行いませんでした。そこで，家庭学習で単語を学習ノートに書く家庭学習を行わせることもあります。

7 ワークシート例

フレーズ・チェックシート

	Japanese	1	2	3	English
1	恥ずかしがり屋の				
2	ある日				_____ day
3	（病気などが）重い，重大な				
4	しっぽ，尾				tail
5	けが				
6	水族館				
7	救助する				
8	…と名づける				
9	～の面倒を見る				take care of ～
10	助ける，救う				
11	親友，一番の友達				_____ _____
12	調子，状態				
13	良くなる，快方に向かう				get _____

（巽　　徹）

不定詞の形容詞的用法定着のための
クイズタイム

学習場面			技能				
語彙・文法の学習	音読による学習	教科書本文を用いた学習	リスニング	リーディング	スピーキング	ライティング	複数技能統合
●					●		
●					●		
◎					◎		
●					●		

行見出し（左端）:
- 英語を使いながら定着・発展を目指す学習のプロセスの中での理解・定着を目指す深い学び
- 英語を使いながら定着・発展を目指す学習のプロセスの中での表現・発信を目指す深い学び
- 他者との協働で英語への気づき，技能の向上につながる対話的な学び
- 学習者自身が見通しを持って能動的，主体的に取組む主体的な学び

1 授業のねらい

　相手には見せていない「ある物」について，英語でヒントを与えることにより，何であるかを当てさせるクイズ形式の活動である。相手によりわかりやすく伝えるための英語のヒントの作り方を工夫し，これまで身につけた語彙や文法事項を駆使して，また，新たに学んだ新出文法事項である「不定詞の形容詞的用法」などを適切に使い，伝え合う活動を行う。相手に伝えたいという態度と説明するものに応じてふさわしい表現を使い分け説明することができる力を身につけさせる（汎用的能力）。

2 授業づくりのポイント

　新出文法事項を指導する際に，生徒が何度も英語を使う機会を設けて導入をしています。丁寧な説明はせず，使っていく中で，表現に気づき理解を深めていくような導入を心がけています。ここでは，不定詞の形容詞的用法を含む様々な英語表現を用いて，ペアで相手が見えない

ものについて説明するクイズ形式の活動を行います。ペア活動で行うことで，同時に多くの生徒がコミュニケーション活動を行うことができ，生徒の活動量が増します。また，時間制限を設けることで，生徒は，相手に伝えるためにわかりやすい説明を素早く考えたり，頭の中にある英語を素早く引き出したりすることが必要となるように工夫してあります。自分の英語が伝わったり相手の英語が理解できたりする成功体験を通して，積極的なコミュニケーションを図る態度も育成します。

3 学習指導案・活動の流れ（25分）

時間	生徒の学習活動	教師の指導・支援
Step 1 5分 5分	1 テレビ画面に「？」が映されている。教師の説明を聞き，それが何なのか推測する。 2 同様の活動を3問行う。 3 3問終了後，もう一度，最初の写真を見せ，文を確認しリピートする。 　その後，列ごとに1人ずつ言わせ確認する。	・生徒の理解度に応じて，ヒントを付け加えていき，何について説明しているのか当てさせる。 ・"What hint did I say?" と，どんなヒントを言っていたか尋ねる。 ・必要に応じて繰り返して聞かせる。
Step 2 10分	4 違う写真を見ながら，ヒントを考える。 5 This is something to〜．の意味を考える。	・すでに行った3問のヒントを参考に作れるものを選ぶ。 ・たくさんインプットを行ってから，ここで日本語の意味を考え，はっきり理解させる。
Step 3 5分	6 ペアになり，クイズを出し合う。	・ペアを作り，起立する。クイズを出す生徒はテレビを見ている。答える生徒は，テレビに背を向け，画像が見えないように立つ。 ・時間を30秒と制限し，相手の答えが当たっていたら座るように指示し開始する。終わったら交代し，違う画像を見せ，役割を変え同じ活動をする。 ・生徒のヒントを聞くために机間巡視をする。 ・活動終了後，"What hint did you give?（出題した生徒に）/ What hint did you listen to?"（解答した生徒に）とたずね，生徒が使用した英語表現を共有する場合もある。これを3問ずつ行う。

4 授業展開例

❶ Step 1

クイズ形式で行いました。テレビの画面に大きな「？」を提示して，次のように英語でヒントを出していきます。

クイズをするときの画像

教師 This is something to eat. It is square. It is white.
It is Japanese food. It is very soft. It is healthy.

上記のようにヒントを生徒に聞かせます。生徒から "*Tofu!*" と正解が出たら，画面に豆腐の写真を提示します。同様の活動をもう2問行います。ここで，日本語を使って意味や単語の確認はしません。ヒントとなる単語は必ず既習のものを選択します。

"What hint did I give?" と，どんなヒントを言っていたか尋ねます。生徒から，"eat"，"white" "square" など単語レベルで引き出します。もし出てこなければもう一度ヒントを聞かせます。

ある程度，単語が出てきたところで，"This is something to eat. It is square. It is white." の文を画面に出し，リピートさせます。その後，新出事項を含む文を再度繰り返し，数人の生徒を指名し，一人ずつ言えるか確認します。

2，3問目に関しても同様の復習を行います。

❷ Step 2

ある程度滑らかに言えるようになってきたら，ヒント作りの練習をします。画面に次頁のような牛乳の写真と "This is something to～." の文を映します。Step 1で聞いたヒントを活用して，クラス全体で「牛乳」に関するヒントを作成します。最初のヒントは，今回のターゲット・センテンスである "This is something to～." を用いて，大まかなカテゴリーを伝えることとします。生徒は，"This is something to drink." に続けて，様々なヒントを出

してきます。

生徒A　This is something to drink. It is white.
生徒B　You drink it at school.
生徒C　It is healthy drink.
生徒D　Cows give it.

　異なる設問でもヒント作りの練習を行います。クラスで意見を共有し，友達のヒントをたくさん聞くことで，各自がヒントを出すときのアイディアを与え，よいインプットの機会となります。

　ここで，"This is something to drink." の英文だけを示して，意味を考えさせます。その後，日本語の意味を画面に提示しはっきりとした意味を確認します。画面上に英文とその意味が映されていることから，日本語による詳細な説明が不要となります。

文を確認するときの画像

❸ Step3

　ここまで練習したことを生かして，ペアでクイズを出し合います。始めから一貫して同じ活動をしているため，特別な指示を出さなくても何をすればよいのか生徒は理解できます。

ペアを作り，お互いに向かい合って立ちます。クイズを出す生徒はテレビを見ています。答える生徒は，テレビに背を向け，画像が見えないように立ちます。時間を30秒と制限し，答えが当たったら座るように指示し開始します。終わったら役割を交代し，違う画像を見せます。30秒で終わる音楽を流し，他のペアのヒントや答えが聞こえにくいようにします。１，２問目が終わったら，新しいペアになります。３，４問目が終わったらまたペアを変えます。新しいペアで行うことで友達から聞いたヒントを違う友達に言うことができたり，色々な友達から学んだりすることができます。これを３問ずつ計６問行います。

クイズをする生徒が見る画像

　生徒の発言を聞きながら，どんなヒントが出ていたか，何を説明するのが難しかったかなどを把握しながら机間巡視をします。活動終了後，１，２問程度取り上げ，"What hint did you say/listen to?" とたずね，ヒントを共有します。また，とてもよいヒントがあった場合は，その生徒に "What did you say?" とたずね，よい発言をクラスに波及させます。こうすることで相手に伝わりやすいヒントとは何かを学ばせます。

　また，生徒が英語で言いたいけど言えない単語等があった場合は，それを共有し，"A-kun wants to say "着る" in English?" と全体に投げかけます。英語が得意な生徒が答え共有することもありますし，出てこない場合は，辞書を活用し，自分たちで見つけさせます。中学生用英語辞書にないような単語のときは，教師が板書し，教えます。必要なときに，必要な単語を教えることで記憶に残りやすくなります。また，全体で新出単語を共有することで，次回からその単語を使用した際にお互いに理解することができます。個別に言いたい単語を教えてしまうと，その生徒はわかってその単語を使用しても，相手の生徒には理解できず，コミュニケーションが成り立たなくなるということが起こってしまうことがあります。教室内の共通表現を豊かにしていく工夫を続けていくことが大切です。

　最後に英語と日本語の語順や使われる単語に着目させ，さらに理解を深めます。

"This is something to drink." 「これは，飲むための飲み物です。」

5 授業の振り返り・評価

　この導入だけで終わってしまっては，定着を図ることは難しいです。次の授業から，帯学習としてこのクイズ活動を行っていきます。帯学習として行うため，ペアになり1問ずつ（計2問）を継続して行います。また，生徒に定着が見られてきたら，わかりやすく1文で説明する（ここで複文を求めます），既習事項と組み合わせて説明するなどレベルを上げるよう促します。例えば，「牛乳」を説明するのに初めは，"This is something to drink. It is white. We drink it at lunch time." でした。これを，"This is something <u>white</u> to drink <u>when we have lunch</u>." と既習事項を使うことでレベルの高い文でも言えることを指導することで，英語が得意な生徒のモチベーションを高めることができます。

　毎日，短い時間で継続的に行うことに意味のある活動ですので，毎回の活動では，上記のような表現の工夫や活動意欲などを口頭で振り返ることが多くなります。また，ある程度活動を積み重ねたところで，一定期間の活動を振り返らせることも有効です。

〈振り返りの例〉

```
1．相手に当ててもらえるように一生懸命ヒントを伝えようとしていますか。

                                              4　3　2　1
2．ペアの人が出すヒントを聞いて，学んだ表現はどんなことですか。
　（                                                              ）
3．ヒントを出すときに「言いたいけど，言えなかった」ことや単語は何でしたか。
　（                                                              ）
```

6 家庭学習の工夫

　家庭学習を生徒に行わせるために定期テストを活用しています。具体的な手順は，
①定期テストに「あるもの」について説明する問題が出ると予告する。
②授業の中で言ったものについて，リストを渡し，書いて練習するように指示する。
③ノート等を集め，よいヒントをプリントにし，クラスで共有する。
　（英語が苦手な生徒はこれを写すだけでもよい。）
④この家庭学習を活用して，紙に書いて相手に説明する活動にアレンジすることもできる。
　家庭学習を継続させるには，「家庭学習をすることで力がつく」ことを実感させる必要があります。まずは，正しい勉強法をしっかりと授業の中で教え，体験させることが大切です。

（高橋　洋）

大きなテーマでの英作文活動

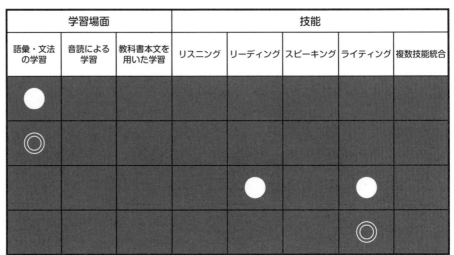

	学習場面			技能				
	語彙・文法の学習	音読による学習	教科書本文を用いた学習	リスニング	リーディング	スピーキング	ライティング	複数技能統合
英語を使いながら定着・発展を目指す学習のプロセスの中での理解・定着を目指す深い学び	●							
英語を使いながら定着・発展を目指す学習のプロセスの中での表現・発信を目指す深い学び	◎							
他者との協働で英語への気づき，技能の向上につながる対話的な学び					●		●	
学習者自身が見通しを持って能動的，主体的に取組む主体的な学び							◎	

1 授業のねらい

> 既習事項の過去形を用いて，5月の連休中に行ったことを簡単な英語で書くことができる。

2 授業づくりのポイント

　本課は，『Sunshine English Course』（開隆堂）の Program 1「Did You Enjoy Your Vacation?」と題した，由紀とウッド先生のお互いの春休みについて語る場面です。ここでは，「①自分の体験を説明する。②ものの様子を描写する。③行動を描写する」等の活動を行い，「文章構成に気をつけながら，まとまりのある文章を書く」ことをねらいとします。生徒には，まず「大きな課題」（連休中の過ごし方について簡単な英語で書く）を与え，英作文をさせます。学習過程では，生徒は連休中のことを想い出し（思考），話題を選択し（判断），適切な英語で表現する（表現）という思考力・判断力・表現力等の育成を目指した学習活動になります。

3 学習指導案・活動の流れ（50分）

時間	生徒の学習活動	教師の指導・支援
Step 1 10分	**課題1　先生の連休の過ごし方を読み取ろう。** 1　教師の連休中の過ごし方の作文を読み，どんなことをしたのかを読み取る。 （p.85ワークシート参照）	・生徒の主体的な学習を促すために，ゴールイメージを持たせる。 ・「読みたい！」と思わせるようにイラストも付け，状況設定を明らかにする。 ・読みの確認をするため，選択肢を設け，内容理解に時間がかからないようにする。
Step 2 20分	**課題2　連休にやったことを簡単な英語で書こう。** 2　ワークシートに連休中にやったことを思い出し，英語で書く。 （p.85ワークシート参照）	・ワークシートを配布する。 ・個別支援や助言を積極的に行う。 ・書く時間を確保するため，題材選定にあまり時間をかけさせない。 ・最初の1文をまず書かせる。 ・書けない理由を言わせない。 ・「書くことがない」という生徒には，「『家にいたこと』『どこかでかけたこと』『部活』どれか書けるでしょ」と3つの大きな場面を示してあげる。 ・質問に応じ，英語表現を指導する。
5分	3　英文に合う絵を描く。	・イラストを描くのが苦手な生徒は，棒人間でもよいことを伝える。
10分	4　質問を作る。	・イラストも終わった生徒には，質問を考えさせる。
Step 3 5分	5　本時の振り返りを行う。	・経験したことを振り返ると記憶に残り，学習内容の定着が図れることを伝え，しっかり個による振り返りを行わせる。

4 授業展開例

❶ Step 1

　アクティブ・ラーニングを視野に入れた授業づくりの第一のキーワードは，「能動性・主体性」です。生徒が自ら学習しようとする態度を持たせることが大切です。そしてその学習を継続していくことで，生徒は**自律した**学修者（授業時間及び，授業外も含めた学習者としての意味）となっていきます。そこで，まず「能動性・主体性」を持たせるために，大事なのは「目

標」です。目標があると生徒はどこに向かって学習すればいいのかわかり，学習への能動性，主体性が生まれます。ここでは，生徒が本時に活動するゴールイメージを教師の連休中の作文の読み取りをさせることで，目標（課題）をイメージさせました。

教師 I'll give a handout to each of you. How many handouts do you need?
生徒 Six, please.

　ハンドアウトが後ろに渡ったことを目で見て確認した後，This is what I did during "Golden Week." Let's read and answer the four questions. You have 5 minutes to read and answer. Let's begin! と言って，教師の連休中のことを記した作文を個人読みさせます。当然，生徒は，自然と隣の人と内容確認をし出します。それも想定内です。学び合いがそこに生まれます。

　私は野菜の苗を植えたことを書いたので，野菜の名前は小学校外国語活動で音声でやっているものの，文字としてはほぼ初見状態です。そこで，生徒から当然，「先生，これ何て読むの？」と言ってきます。私は，「こういうときは，What's this? と言って指させばいいんだよ」と教えると，生徒が cucumber を指さしながら，What's this? と言いました。私は，cu…を指差し，「キュウー」と言い，生徒が気づくのを待ちました。でも，わからないようだったので，次の ..cum.. を指差し**「カム」**と言い，「キューカム…」と最初から言ってみました。すると，「キューカンバー」と言えたので，「キューカンバーって何？」と聞くと，「きゅうり」と元気よく！答えました。音ではわかっているのですが，文字になると読めなかったのです。

　生徒支援で大事なことは，どこまで教えれば生徒は自分でできるようになるのかを教師が見極めることで，これを ZPD（発達の最近接領域＝ Zone of Proximal Development）と言います。子供が1人ではできないが，大人や仲間の援助があれば解決できる課題を適切に与えれば，発達を最大限に促すことができるということです（参考　上山晋平著『英語教師のためのアクティブ・ラーニングガイドブック』明治図書　p.18）。同じ生徒は，次の tomatoes はすぐに読めました。また，生徒は eggplant や green pepper, bitter melon でつまずきましたが，これらは，英語でジェスチャー付で説明すると，理解できました。例えば，It's a vegetable. It looks like an egg.（ジェスチャー）Its color is purple. と言うと，「ナスだ」とわかり，次の green pepper は，It's a green vegetable. Its size is like this. まではよかったのですが，次のヒントが見つからず，考えたあげくに，A lot of children don't like this vegetable. But I like it. と言うと，不思議とどのクラスでも「ピーマン」と言ってきました。最後の bitter melon では，ジェスチャーを付けながら説明した後，It is famous in Okinawa. で，一発でわかりました。

❷ Step２

　いよいよ生徒が書く番です。ここは30分くらい，ゆったりと時間を取り，５文〜６文程度の作文を仕上げさせたいです。イラストは時間がなければ描かなくてよいし，質問もなしで構いません。とにかく30分程度で，「連休中のことを振り返り」（思考），「その中の何を，どんな出来事を作文に書くかを決定し」（判断），「適切な英語で作文」（表現）する過程を踏みます。

　ワークシートを配布します。列ごとにワークシートを後ろの生徒に配っている間に

〈板書〉

> 連休のことについて簡単な英語で書くことができる

と板書し，目標（課題）を提示します。

教師　Now, it's TIME to write your story during "Golden Week." I'll give you 30 minutes to write. If you have questions, come to me with your sheets and your pencils. Let's begin.

　さあ，作文の開始です。生徒の中には，必ず，「書くことない」「どこにも行っていない」「だらだらしていた」などと，書く内容が決まらない生徒がいます。そんなときには，先手を打ちます。

教師　**まず，最初の１文を書こうね。**「家にいたこと」でもいいし，「どこかに出かけたこと」でもいいし，「部活」でもいいよ。みんな何かしら書けるはずです。

　個別支援では，こんな生徒がいました。部活の試合の話題で，「いい試合だった」と書きたかったのです。そこで私は，「いい試合だった…は，試合だから It で始めて，It …. 過去だから，was…となります。」と言って紙に書いてあげます。教師はいつでも書けるように紙を手にし，それに書いて，生徒に文字を見させます。その後，私は，「試合だから game だね」と言いながら，次のようにブランクを作りました。It was a （　　）game. そして，「いい試合だった。ここに入る語は？」と問います。結果的に適切なのが入らなかったのですが，私が「いい試合ということは，よい試合だから，good でいいんだよね」というと，「あっ，そうか…」という表情になりました。また，中学２年生の１学期ですので，英語で表すときに，「誰が？」「私だよね」「じゃ，何で始める？」（生徒：「I」）と英語では必ず，主語で始めることを意識させます。

5 授業の振り返り・評価

❶毎時間の振り返り

　授業後には，授業で学んだことや初めて知ったこと，勉強になったこと，次への課題など書く「振り返りシート」を書かせます。授業時間内のこともあれば，授業時間後のこともあります。準2級を取っている生徒には，5月中旬に「英語で感想を書いてみてごらん」と言ったら見事，英語で感想を書いていました。

> Today's lesson was very interesting.

❷ワークシートに振り返りのコーナーを設ける

　毎時間の振り返りの方法に寄らず，ワークシートに自己評価欄を付けておくこともできます。

〈振り返り〉
①書こうとする内容を一生懸命考えようとしましたか。　　　　　　　　4　3　2　1
②今日の作文学習を通じて，勉強になったことを自分の言葉でまとめましょう。
（　　　　　　　　　　　　　　　　　　　　　　　　　　　　　　　　　　　　　）

6 家庭学習の工夫

　技能は何事も，継続があってこそ身につくものです。英語は技能です。習った知識を活用できる状態に持っていくのが技能の習得になります。そこで，授業でライティングを行ったら，しばらくは自分の考えや気持ちを表現することを家庭学習でも強います。自学ノート（英語の家庭学習ノート）に，3行日記を書かせます。つまり，日記を書くということは，どんな内容を書くのかを考え（思考力・判断力），そして，それらを適切な英語で表現すること（表現力）を授業外でも行うことになります。書くことは，生徒の能動的な学習となります。しかしながら，英語を書く以前に，書こうとする内容を「考える力」は，生徒によっては，大きな障壁となる生徒もいます。まず，何を書こうするのかが決められなければ，実は，次の学修はできません。考えることは時間のかかる作業・活動となります。家庭学習で継続的に課題を与え，少しでもいいから英語で自分の意見や考えを表現できる生徒の育成を地道に行っていく，また，教育は長い時間をかけて成果が徐々にあらわれてくるということを信じ，アクティブな学習につながるような家庭学習メニューも与えたいです。

中学2年　英語ライティングシート

GWの過ごし方について書こう

Class（　）Number（　）Name（　　　　　　）

◎質問を3つ考えよう
①
②
③

This is my Golden Week!

Hi, I'm Hiroto. What did you do during "Golden Week."? I was really busy with the farm.

I planted a lot of vegetables in my field. I planted cucumbers, tomatoes, eggplants, watermelons, melons green peppers, and bitter melons. I am excited to see my vegetables early in the morning. I was tired but I had a good time

□1　瀧沢先生のゴールデンウィークは？
　　①つまらない ②忙しい ③暇だった

□2　瀧沢先生は何をしましたか？
　　①ドライブ ②映画を見た ③畑に野菜の苗を植えた

□3　瀧沢先生は、毎朝、何をするのがわくわくしていますか？
　　①畑に行って、野菜を見ること ②牛乳を飲むこと ③ごみ捨てに行くこと（　）

□4　どんな野菜を育てていますか？（　　　　　　）

（瀧沢　広人）

既習言語材料・学習内容を活用させる Talking Battle（Debate）

学習場面			技能				
語彙・文法の学習	音読による学習	教科書本文を用いた学習	リスニング	リーディング	スピーキング	ライティング	複数技能統合
			●				
					●		◎
							◎
						●	

行ラベル：
- 英語を使いながら定着・発展を目指す学習のプロセスの中での理解・定着を目指す深い学び
- 英語を使いながら定着・発展を目指す学習のプロセスの中での表現・発信を目指す深い学び
- 他者との協働で英語への気づき，技能の向上につながる対話的な学び
- 学習者自身が見通しを持って能動的，主体的に取組む主体的な学び

1 授業のねらい

　単に英語を使用してのやりとりだけでなく，物事を多角的に見ることで相手の意見に対し，柔軟な考え方を持ち共感的な態度で返す力を育む。また，既習の表現を活用しながら，賛成意見・反対意見・理由・具体例など考えたことを即興で他者に伝える言語活動を通して，生徒の思考力・判断力・表現力・発信力を育む。

2 授業づくりのポイント

　本活動では，与えられたお題に対し即興で自分の考えを展開することはもちろん，相手の主張を受け，それに対し建設的な意見を述べることができる思考力・判断力，そして英語で伝えようとする表現力・発信力を身につけていくことを目標とし，従来行っている発信型の帯活動とも絡め，こうした言語活動をペアやグループでの支え合いや学び合いを通し行うことで，他者を尊重し思いやりのある人間性を育み，温かい集団を構築することにもつなげていきます。

時間	生徒の学習活動	教師の指導・支援
2分 20分	1　帯活動 　①Warm up1 Vocal Exercise / Pair activity 　②Warm up2 　　1　Greetings【全体】 　　2　Student teacher presentation【個人→全体→個人】	・机の配置，準備物などが整っているか確認する。 ・仲間の発表に対して温かい聴き方をするように支援する。 ・発話のときには話し続けることができるように支援する。
	Today's goal：To express opinions to the topic and enhance ideas.	
Step1 6分	3　Reading a story【個人→ペア→全体→個人】 　　4　Last sentence dictation【個人→全体→個人】 　　5　Bingo【個人】 　　6　Hiroshima style workbook【個人→グループ→全体】 　　7　One Minute Monologue【個人→ペア→全体→個人】 　①トピック・目標語数などをカウンターに記入【個人】 　②役割決定【ペア】 　③活動のルール確認【全体】 　④一人が1分間話す。もう一人が語数カウントする。【ペア】→40秒フィードバック 　⑤役割交代し同じ流れ 　⑥挙手による語数確認【全体】 　⑦代表スピーキング【全体→個人】 　⑧フィードバック【個人】	・迷子になっている生徒がいないかペアで確認をしながら進める。 ・ルールを守り発話をしているかをモニターする。 ・既習の語彙や英語表現を活用し発話ができるように支援する。 ・ペアや代表の発表から，英語表現やいい発表の仕方に気づかせるよう支援する。 ・振り返りにより次時の活動に活きるように支援する。
Step2 5分 5分 8分	2　Talking Battle【個人→ペア→グループ→グループ→ペア→全体→個人】 　①トピックをハンドアウトに記入【個人】 　②役割決定【グループ】 　③作戦会議2分【グループ】 　④Battle準備　1ペアが対戦相手を探す。 　⑤活動のポイント確認 　⑥Battle開始　【グループ】 　　A1→N1→作戦（1分）→A2→N2【個人→ペア→個人】 　⑦代表スピーキング【全体】 　　A，N代表2名決定→A1→N2→作戦（1分）→A2→N2	・素速く役割分担（Affirmative, Negative, 先攻後攻）ができるように支援する ・作戦会議でグループ全員が発言をしているかをモニターする。 ・話し出す前に活動の大事なポイント（聴き手・話し手）を確認する。 ・話しているときに相手ペアの述べている内容や表現，パフォーマンスから気づかせるように視点を与

3分	⑧フィードバック【全体→個人】 ⑨ Writing 書き起こし【個人】 ⑩フィードバック【個人→全体→個人】	える。 ・書き起こす中で表現の正確性やつながりに気をつけさせる。
1分	3　Consolidation and review【全体→ペア→個人】	・振り返りにより自分の取り組みを客観的に見るようにさせる。

4 授業展開例

❶ Step 1

　One Minute Monolog では，即興で発信つける力（この活動では「即興的な発話力」）をつけるためにトピックはその場で伝えています。そうすることで生徒たちは「言いたいけれど言えない」体験をすることになります。そういう場面に遭遇したときに既習の語彙や表現を使い言い換えることで何とか伝えて切り抜けようとします。また，最後で行う発話の書き起こしで辞書を使い「言いたかった表現」との出会いがあります。こうした生徒たちの学びの過程はまさに Focus on Form であると言えるでしょう。加えて，出会った表現を全体でシェアすることで他の生徒たちにも大きな気づきと学びになります。そこで，教師は次のような声かけを行いました。（他者との協働）

教　師　Let's share your questions. Please feel free ask us if you have questions.

生徒A　How do you say 私が毎日やるスポーツはバスケットボールです in English?

教　師　How did you express that in English in the monologue?

生徒A　I play sport every day is basketball.

教　師　I can understand what you wanted to tell your partner. Thank you. What do you think, everyone? Is the sentence she made correct?

生徒たち　（つぶやき声）

教　師　Talk with group members for one minute.

生徒B　I think S(subject) is "sport." So "The sport is basketball." is "S V 説明."

教　師　Yes. Thank you for your help. The sport. どんな？

生徒たち　毎日やる．あ！play every day!

教　師　Who plays every day?

生徒たち　Mai. Mai plays it every day.

教　師　The sport ....

生徒たち　The sport Mai plays every day is basketball.

生徒A　The sport I play every day is basketball!

　この発問により生徒から後置修飾の英文を導き出すことができました。この後，いくつか生徒にとって身近な英文を取り上げ，生徒はこう言えば言えるんだという気持ちを持つことができたようです。また，この活動は語数を数えることで発話語数を数値として残すことができる

（可視化）ので話し手は話し続けようと努力します（能動的な授業参加）し，帯活動の中で継続して取り組むことで話し続ける力（汎用的な言語スキル）を育んでいくことができます。少しハードルが高いと思われる活動をペアで取り組むことで，仲間と協力したから乗り越えることができたという経験をするようになります。（ZPD）

❷ Step2

　第１次では，冬と夏の良い点と悪い点について考えていきました。まず，個人で意見と理由をブレインストーミングした後，ペアとグループでも考えをシェアしました (Think-pair-share)。この時点では，日本語と英語が入り交じった話をしていました。様々な考えが出たので，４色の短冊に夏冬の良い点・悪い点を色分けして英語で書き掲示しました。いつも授業前に辞書を取りに来て机上に置いておくようにしているので，必要な表現は自分たちで素速く調べていきます。こうした辞書の活用ができることは自律的学習者への第一歩になります。掲示することで他クラスのアイデアも知ることができたので，生徒たちは仲間の考えを一生懸命読んでいました。自分とは違う考えの短冊を見つけて「なるほど！」とメモしたり，「自分はこう思う」と話をしに行ったりと，仲間の考えから多くの気づきがあり，さらに考えを深化させていく姿が見られました。

　Talking Battle へつなぐトピックとしてこの日の One Minute Monologue のトピックを"My favorite season" としました。前時に冬と夏の良い点と悪い点についてブレインストーミングしていますので，季節についてのスキーマはある程度活性化している状態でした。これだけでも十分に Talking Battle のときにそれぞれの立場に立ち即興で意見を述べることは可能です。しかし，さらにつながりを持たせることで生徒たちには発話する安心感と自信になります。一度メイン活動の前に似た内容を語らせておくことで，より発話がスムーズになるのです。

　Talking Battle は，事前準備したものでなく即興で相手の言ったことに対し自分の力でしかも英語で表現すること自体がかなりジャンプの活動です。協働性を培いチームとしてよい関係を構築する中で学びを深めてもらいたかったので，グループで賛成派か反対派かを選択し作戦を練りました。ペアは崩さず一ペアが違うサイドへ話に行くというスタイルで，対戦相手が決まったら先攻後攻を決めます。１番手同士の対戦中は２番手の話者は話の内容を聞きながら自分のパートナーの応援をします。こうすることでどちらかというと２番手の方が１番手の両者の話を加味して考えを述べなくてはいけないので，よりクリエイティブな内容を語っていました（高次の思考・思考プロセスの外化）。フォーマルディベートのようにジャッジはしませんでしたが，生徒たちは相手の意見も受け入れながら建設的に自分の考えを英語で伝えていました（汎用的な言語スキル）。真に英語でコミュニケーションを図る姿でした。最後の対戦後のフィードバックの中での生徒のコメントにもそれが表れていました。

生徒C　I'm impressed to know the ideas. Especially Takeshi tried to express his opinion based on his daily life.

生徒D　I'm on the negative side. But I agree with Keisuke's ideas. I knew a lot of good points about winter.

　こうした言語活動を英語でできるようにするには，事前に類似の活動を体験させておくことや，その中で意見や理由を論理立てて話すのに必要な表現を散りばめインプットしておくことが必要です。使う体験を通し英語を身につけ定着と発展を目指す「学習のプロセス」を大切にしたいものです。また，生徒が興味深く取り組むことができる Proposition を選び，ひとつの Proposition に対して相手を変えたり立場を変えたりして繰り返すことが大切でしょう。本実践を通して，生徒たちは教師がチャレンジさせればさせるほど応えてくれることを感じました。課題がチャレンジングであればあるほど生徒は夢中になります。全員で課題に対し挑もうとする一体感の中で支え合い高め合う温かい関係も醸成されていったように思います。今回の活動では，オーセンティックな内容を取り上げたことと，個人のブレインストーミングの時間を十分保障し，さらに思考・探究していく過程を4人グループで行ったことで，生徒の学びが内容面においても英語表現においてもぐっと深まっていきました。生徒のアクティブな学びを保障するためには，生徒の限界を決めずにまずトライさせてみることが大切です。

5 授業の振り返り・評価

　授業の振り返りは活動後に必ず個人とペア・グループで行います。活動前に目標を宣言しているので，目標の達成度を確認しています。具体的な振り返りにより生徒の授業参加がより主体的になります。**評価については，実際の教師の前で行うパフォーマンスの内容を評価します。**

〈言葉による振り返り（感想）〉

S1　How was today's activity?

S2　It was really good because I tried to use English a lot.
　　　How about you? Did you achieve today's goal and keep rules?　…

〈振り返りシートによる振り返り（内容・スキル・態度）〉

　活動前に確認する大事なポイントを振り返りシートにも載せ話をしながらチェックします。

6 家庭学習の工夫

　家庭学習を充実させることは学校でのパフォーマンスを向上させることにつながります。パフォーマンスを充実させるためにできる様々なトレーニング法を伝えます。やり方が分かりやることの目的（ここでは「Talking Battle で自分の考えをスラスラ言いたい！」）が明確かつ授業とリンクしていることで生徒は自主的に家庭学習をするようになります。生徒が実際に家庭学習で取り組んでいたことは，教科書の音読と暗誦（音読は発話の基礎固め，暗誦は自動化のベースになります。チェックシートによる取り組みの可視化と保護者のサイン欄によるやる

気向上につながります。），自主学ノート（肯定派と反対派の両方の立場で，ライティングとスピーキングで Talking Battle のシュミレーションを行い，良い点と悪い点についてさらに挙げることで言えることを増やそうとする生徒もいました。）です。試験（筆記・パフォーマンス）とリンクしていることも大切です。やればできるという達成感もやる気に火をつけます。

7 ワークシート例

活動の流れと大切なポイントを示すことで活動に集中させることができます。メモ欄を活用することで自分の思考や仲間の考えを残すことができます。

★★ Talking Battle ★★

Proposition 6 （　　　　　　　　　　　　　　　　　　）
My position : Affirmative side （　　　　　）　Negative side （　　　　　）

Affirmative	Negative	Preparation	Affirmative	Negative
30 sec	30 sec	1 min	30 sec	30 sec

Time for rebuttal

◆　Analysis：トピックに対する分析が良かったか
◆　Comprehensibility：相手にとって理解しやすい表現であったか
◆　Attack：相手の意見に対して有効な質問又は反駁をしたか
◆　Delivery：説得ある話し方，まとめ方，説明をしたか
◆　Consistency：攻撃を受けても話のかみ合う議論をする余裕があり，かつ自分の意見に首尾一貫性をもたせられたか

Brainstorming
Memo

（胡子美由紀）

特定の言語材料に焦点を当てた アクティブ・ラーニング

	学習場面			技能				
	語彙・文法の学習	音読による学習	教科書本文を用いた学習	リスニング	リーディング	スピーキング	ライティング	複数技能統合
英語を使いながら定着・発展を目指す学習のプロセスの中での理解・定着を目指す深い学び	●						●	
英語を使いながら定着・発展を目指す学習のプロセスの中での表現・発信を目指す深い学び								
他者との協働で英語への気づき，技能の向上につながる対話的な学び	◎				●			
学習者自身が見通しを持って能動的，主体的に取組む主体的な学び	●							

1 授業のねらい

　既習の英文や新出文型の英文を，教科書や他者とのつながり・関わり合いの中で，理解を深める。また，自分の口できちんと説明できることによって，定着を目指す。

2 授業づくりのポイント

　新出文法を導入するにあたっては，ノートに英文を書いてまとめていきますが，それが教師の一方的な説明になって生徒が受け身にならないように心がけています。そのために，英文の中のポイントとなるところを（　　）で穴うめ形式にし，どういうことばや形が入るかを生徒に考えさせながら進めます。初めての内容であっても，教科書に書いてあるポイントを読み込めば，そこからどういう英文になるのかを予想できるようにし，自分でしっかり考えながら習得していけるようにしています。

　また，わかった生徒はどんどんまわりの生徒にアドバイスをしに教室の中をまわるので，自

分の口で人に説明をすることでさらに理解が深まり，わからなかった生徒は友だちに説明をしてもらうことでわかる，という教え合い・学び合いの姿があります。教室のあちこちで「あ～，そういうことか！」「わかった！」という声があがります。教師はそのはしご役をするようなつもりで，生徒同士の関わり合いの中で高め合っていけるようにします。

　また，授業には1・2年生の教科書も毎回持参させて，文法項目や単語，英語表現など，常に前の内容にも返りながら，授業をするようにしています。「これ，どこで勉強したっけ？（出てきたっけ？）」と前の学年の教科書を使ってもう1回みんなでそのページを開いて確認することもあります。生徒は，「あ～，これか！」「こういう勉強もしたな！」と思い出すので，そうやって何回も繰り返してその英語表現に触れることで少しでも定着を目指し，また，3年間の学習内容につながりをもたせた指導をします。

　このような学習形態を3年間積み上げることで，まず生徒は何かあったらすぐに教科書に返り，しっかりと使いこなしながら自分で思考し，自分からいろいろと学び取ろうというような姿勢になります。また，授業の中で生徒同士が関わる場面を多く設定し，関わり合いの中で気づきをもったり，学び合ったりするようにし，温かい雰囲気の中でお互いが力を伸ばしていけるような授業を心がけたいと思います。

3 学習指導案・活動の流れ（50分）

時間	生徒の学習活動	教師の指導・支援
10分	○英語で挨拶をする。 ○帯活動をする。（クイックＱ＆Ａ[1]，60秒クイズ[2] など） ○今月の歌を歌う。 ○曜日・日付・天気・時刻などを確認し，生徒と英語での短い会話のやり取りをする。 ○今日のめあての確認をする。	・リズムよく行う。 ・楽しく，かつリラックスした雰囲気で行い，英語の授業の空気をつくる。
5分	○前時に学習した単語・本文の復習をしたり，または宿題（ワーク，プリント等）の読み合わせをしたりする。	
15分	〈新出文法の導入〉 ○ノートの最初に，曜日・日付・天気を英語で書く。その日の学習内容のめあてを書く。 ○新しい内容に入る前に，その日学習する英文のもとになるような既習の英文を復習としていくつか書いて確認する。（英文はすべて穴うめのクイズ形式） ○新出文型をつかった英文を（　　）のあるクイズ形式で書いて，教科書を使って考えさせる。 ○わかった生徒は起立，まわりの生徒のところにどんどん教えに行く。 ○全員が書いて起立できたら，誰か1人の生徒を指名してその英文	・教師は必要以上の説明を与えない。 ・既習の文法事項の復習を取り入れながら，本時の内容に結び付けていく。 ・書けた生徒は，わからない生徒に教えに行く。

		を音読してもらい，みんなでリピートする。 ○1文ずつ，その繰り返しで行う。	
5分		○1分間，各自で教科書の「基本文」と日本語で書いてある説明の，自分でポイントだと思う部分にマーカーでチェックを入れ，英文を声に出して音読練習をする。 ○1分後，みんなで読み方の確認・練習をする。	・リンキング，発音，強勢，イントネーション，文の区切りを意識しながら，ジェスチャーをつけて音読する。
5分		○教科書の「基本文」の下にある新出文型を使ったリスニング問題を，CDを用いて行う。	
7分		○ペアで「基本文」の対話文を読む練習をし，それを暗唱して教師のところに言いに来る。英語らしい発音や，アイコンタクト，ジェスチャー，抑揚など，教師は厳しく判定をして，全員が合格するまでする。（合格したペアはワークやライティングを進めておく。）	・ジェスチャーをつけて，英語らしい発音やアイコンタクトを意識しながら会話をさせる。
3分		○今日のめあての振り返りをする。 ○英語で挨拶をする。	

1) クイックQ＆A…ペアで一緒に座り，教師が言う疑問文に対してすばやく答えて起立する。10問行い，早く答えた数が多かったほうが勝ち。毎回ペアを変えて対戦する。

2) 60秒クイズ…ペアで，片方が日本語で問題を出し，もう一方がそれを英語で言う活動。60秒でいくつ言えるかをカウントする。 例) 過去分詞，前置詞句，連語など

4 授業展開例

　間接疑問文を導入します。間接疑問文の英文につなげるために，まず既習事項の復習として，

1. We (　　) see The Lion King in Tokyo. (① Pr.8-1)

と書きました。この1文だけでは（　　）に何が入るかわかりにくいですが，英文の横にどこで習ったかのヒントを書いているので，生徒はすぐに教科書に返ります。これは，1年生のProgram8-1・canの英文です。前の内容にもどんどん返っていくので，生徒は1年生・2年生の教科書も授業のときに持っています。1年生の教科書を開いて，確認できた生徒は答えをカッコに書き込み，起立します。全員が立ち上がったのを確認したら座らせ，1人の生徒を指名してこの英文を読んでもらい，答えや発音がOKだったら全員の生徒でリピート，次の英文へ，というふうに進んでいきます。

2. 疑：(　　)(　　)(　　) The Lion King in Tokyo? (① Pr.8-2)

　1の疑問文である，ということを確認すれば，「canが文頭に出るんだったよな」と多くの生徒が容易にできると思いますが，「じゃあ2のin Tokyoの部分がわからない場合はどうなる？」と3の英文につなげると少しとまどう生徒も出てきます。

3.（　　）（　　）（　　）（　　）The Lion King?（① Pr.5-2）

　ここで，書けた生徒はどんどん教室内をまわり，わからなくて困っている生徒のところに教えに行きます。このときに，答えそのものを言ってしまうのではなく，考え方や，教科書のここらへんを見たらいいよ，などとヒントを伝えさせるようにしています。中には英文をジェスチャーで必死に表現しようとしている生徒もあります。教師は，前から生徒の様子を見守り，関わり合いの様子や1人になって困っている生徒がいないかなどをしっかり観察しています。

　1文ごとに答え合わせで生徒に英文を読んでもらうときは，英語らしい発音でないとまわりの生徒もリピートしません。例えば，1の英文でいうと"the"のthの発音であったり，日本語のような読み方であったりすると，やり直しをさせます。2や3のように疑問文になってくると，文尾を上げ調子で読むのか，下げ調子で読むのかもその都度みんなで確認します。こうやって，既習の英文で何回も練習したり，友だちの発音する英語を聞いたりして，パターンを覚え，慣れていくようです。そして，いよいよ新しい英文の導入です。

4. Do you know where（　　）（　　）（　　）The Lion King?（Pr.5-3）

　初めての内容なので，教科書を見ないとわかりません。生徒はすぐに3年生の教科書の該当ページを開いて，基本文や書いてあるポイントを読み込みます。そして，ノートに答えを書き込み，他の生徒のところに説明にまわります。みんなが書けて，英文の読み合わせをした後に，語順についてポイントをノートに書いて押さえました。その後に，

5.（ How ）（ much ）is the ticket?（① S 4）

7.（ What ）（ time ）does the musical start?（① S 1）

などの英文をつくって，それぞれ間接疑問文にする問題を，6・8番として確認しました。やはり，疑問詞のあとの＜主語＋動詞＞というところが，5・7の元の英文で，どれが主語でどれが動詞なのかを混乱したり，3人称単数現在形のsをつけたりするところで難しく感じる生徒もありましたが，わざとそれをねらってそのような英文を出題しているので，ポイントを確認したあとにその日の宿題としてワークで似たような問題で演習をしてくるようにしています。

　次の授業の最初に，復習としてもう1度ノートに書いた英文1～8の読み合わせをしたあとに，宿題のワークのページの読み合わせをしました。また他の文法の導入でノートをまとめるときに，復習として繰り返し登場させるようにし，このときの授業だけで終わりにならないように何回も間接疑問文に触れさせるようにしました。

　このような形で新出文法を導入するようになって，よい点は，1回学習した文型を何回も出しながら新しい内容につなげ，既習事項もスパイラルに学習・復習できることです。それまでの自分の授業スタイルでは，新しい内容を授業の中でしっかり教え，練習させたつもりでも，そのとき限りというか，それを繰り返し使うというような練習量が不足しており，課題点に感じていました。こちらが既習事項も合わせて何回も効果的に提示することによって，学習内容が次第に定着していっているのかなと思っています。

ノートに既習事項も合わせていろいろな英文を書きながら，生徒の「あー，そうか！」「これはこういうことだったよな」というつぶやきを聞いたり，うなずきながら取り組んでいる姿を見たりすると，少し嬉しくなります。そして，友だちに教えにいき得意気に説明します。授業の準備をするときには，新しい内容につなげるために既習事項をどう組み合わせて提示するか，何文くらいでまとめるか，などを自分の中でしっかりともって臨むようにしています。

5 授業の振り返り・評価

　毎回，授業の最初にめあて（ゴール）を示しているので，授業の終わりにその日に学習したことやポイントをみんなで簡単に振り返り，確認をする，という作業をしています。以前は，めあてに対して「わかる・できるようになったこと」「まだよくわからないこと，疑問」などの自己評価を書かせていたこともありましたが，今は授業ごとに生徒自身に振り返りをさせたり，自己評価を書かせたり，ということはなかなかできていないのが現状です。授業で新出文法についてノートを使って導入したときは，その英文についてワークで練習問題をしてくる，本文の内容理解や音読の練習をしたときには，（最低）25回は自分で音読して，読み方や中身の確認をしっかりとしてくる，など家庭学習を通して，わかったかどうか，読めるかどうかなどの振り返りをさせるくらいのことしかできていないと思います。

　学期に1度，CAN-DOリストを用いたチェックや，英語の授業や自分の取り組みを振り返る自己評価カードを書かせているということはありますが，もう少し「授業の振り返り」という点でいろいろな実践を知ったり，勉強したりすることも必要かと思っています。

6 家庭学習の工夫

　このように授業で新出文法を学習したときには，生徒にもたせているワークの該当ページを宿題としています。生徒は，ワークの問題で新しい文型の英文に挑戦し，丸つけまでをしてきます。次の授業の最初に，みんなでもう1度前時の復習をしたあと，宿題になっていたワークのページの英文を1文ずつ，読み合わせをします。そのときに，列で生徒に1人1文ずつどんどん音読をさせるので（まわりの生徒はリピート），宿題で問題を解いたときに英文の読み方までしっかり練習してくるように指示をしています。

　また，家庭学習の1つとして，毎月100文のライティング（夏休み，冬休みなどの長期休業中は200文）を課題としています。授業で勉強した新出文型の英文や，教科書の本文，テストで間違えた英文の解き直し，歌の歌詞，自分で英作文したものなど，生徒が書いてくるものはさまざまですが，よりはっきりとした理解につなげるためにも自分でその英文を声に出して言える・意味がわかる，ということが条件です。月に100文が最低限のノルマなので，たくさん書いてくる生徒は，何百文も書いてくることもあります。月末にライティングのノートを集めたあとには，ランキング形式で英文数上位の生徒の名前を掲示で発表するとそれが励みになっ

て，今度は自分も名前が載るように頑張る！という生徒もあります。また，集めたノートの中でよいライティングの例を口頭やパワーポイントなどで紹介してあげると，それを参考に自分のライティングにつなげる生徒がどんどん広がるので，いろいろな情報や例を生徒に返していけたらと思っています。

　ちなみに，授業で教科書の本文を学習する前の課題としては，「スパイラル学習ワークシート」というプリントを使って次の時間に勉強する本文の内容や語句を予習してくるようにし，授業で本文を学習したあとには，音読25回を１年生のときから継続して宿題にしています。教科書の本文の横には，音読した回数に応じて塗りつぶすボックスがあるので，それを活用しています。教科書の英文は，すべて覚えてしまうくらいになってほしいので，授業できちんと読み方を確認して，家庭でしっかり声を出した音読練習をしてきてくれたらと思い，中学３年間を通して実践しています。

〈板書例〉間接疑問文の場合

1. We (　　　) see The Lion King in Tokyo. (① Pr.8-1)
2. 疑：(　　　)(　　　)(　　　) The Lion King in Tokyo? (① Pr.8-2)
3. (　　　)(　　　)(　　　)(　　　) The Lion King? (① Pr.5-2)
4. Do you know where (　　)(　　)(　　) The Lion King? (Pr.5-3)
　　　間接疑問文（語順注意：疑＋主語＋動詞→肯定文になる！）
5. (　　)(　　) is the ticket? (① S4)
6. I don't know (　　)(　　)(　　)(　　)(　　). (Pr.5-3)
7. (　　)(　　) does the musical start? (① S1)
8. I know what time (　　)(　　)(　　). (Pr.5-3)

1. We (can) see The Lion King in Tokyo. (① Pr.8-1)
2. 疑：(Can)(we)(see) The Lion King in Tokyo? (① Pr.8-2)
3. (Where)(can)(we)(see) The Lion King? (① Pr.5-2)
4. Do you know where (we)(can)(see) The Lion King? (Pr.5-3)
　　　間接疑問文（語順注意：疑＋主語＋動詞→肯定文になる！）
5. (How)(much) is the ticket? (① S4)
6. I don't know (how)(much)(the)(ticket)(is). (Pr.5-3)
7. (What)(time) does the musical start? (① S1)
8. I know what time (the)(musical)(starts). (Pr.5-3)

（山本　洋子）

教科書を何度も繰り返し活用する
ラウンド制

	学習場面			技能				
	語彙・文法の学習	音読による学習	教科書本文を用いた学習	リスニング	リーディング	スピーキング	ライティング	複数技能統合
英語を使いながら定着・発展を目指す学習のプロセスの中での理解・定着を目指す深い学び		◎	◎	◎	◎	●	●	●
英語を使いながら定着・発展を目指す学習のプロセスの中での表現・発信を目指す深い学び			◎		●	◎	●	●
他者との協働で英語への気づき，技能の向上につながる対話的な学び			◎		◎	◎	●	◎
学習者自身が見通しを持って能動的，主体的に取組む主体的な学び				◎	◎	◎	◎	◎

1 授業のねらい

　異なる活動で展開しながら教科書を何度も繰り返して使うことで，自己表現の材料となる表現を定着させる。

2 授業づくりのポイント

　本授業は１時間で完結するものではなく，教科書を１年間かけて何度も繰り返して使う「ラウンド制」と名付けている授業展開の中の一例（２時間）です。教科書には場面や文脈がある中，多くの定着させたい表現が載せられています。しかし，生徒が状況や場面，言いたいことに応じて使えるまでに定着させられているかというと，そのレベルまで至っていることは多くはありません。教科書は多くの場合，一度触れてそのまま進み続けるという扱いになってしまうことがあります。しかし，それではなかなか定着は難しいです。やはり何度も繰り返し，かつスパイラルに扱っていくことが大事ではないかと考え「ラウンド制」を考え出し，授業を行

っています。生徒は同じ文章でありながらも，それぞれ違った視点（リスニングであったり，音読であったり，リテリングであったり）からのアプローチで飽きることなく教科書の本文に触れています。本時（2時間で1ユニット）は3年生の「ラウンド1」の始めの1時間になります。この課は教科書の登場人物たちが京都の修学旅行に出かけた時のエピソード及び思い出を振り返る新聞の内容が題材となっています。「ラウンド1」はリスニングによる大まかな内容理解が中心となり授業が展開されます。

3 学習指導案・活動の流れ

1時間目 始め10分はウォームアップ

時間	生徒の学習活動	教師の指導・支援
5分	1 ピクチャーカードを見てトピックを考える。またこれまでの自分の経験等からトピックについて知っていること，また自分とトピックのかかわりについて考え発言する。	・トピックに関する何枚かの写真を提示しトピックを考えさせる。またその後トピックについて知っていることなど自由に言わせる。
15分	2 トピックについて英語で書かれたガイドマップを読み理解し，自分が訪れてみたい場所を理由と共に考え，ペアに伝える。	・トピックについて英語で書かれたガイドマップを配り，読み取った上で自分が訪れてみたいところをペアで言い合う。
	課題1 トピックに関して自分のことを考える。	
	課題2 教科書の本文を聞き内容を大まかに理解する。	
15分	3 教科書の本文を聞きピクチャーカードを並び変える。	・生徒とトピックを結びつけた後，トピックを通じて生徒と教科書の登場人物の世界を結びつける。
5分	4 教科書の登場人物を一人選びその人物になりきって本文を聞く。	・気持ちなどを考えながら本文を聞かせる。

2時間目 始め10分はウォームアップ

時間	生徒の学習活動	教師の指導・支援
5分	1 教師とやり取りしながら前時に聞いた本文を思い出す。	・インタラクションを取りながら本文の内容について振り返れるよう支援する。
5分	課題2 教科書の本文を聞き内容を大まかに理解する。	

	2	登場人物の気持ちなどを考えながら聞いたことを生かし，本文を聞きながら同じタイミングで（最低1か所でも）発話する。	・気持ちなどを考えながら登場人物と同じタイミングで無理なく発話するよう助言する。
	課題2　教科書の本文を聞き内容を自分の言える表現で相手に伝える。		
10分	3	理解したことをピクチャーカードを元にペアに伝える。	・自分の理解したことを自分の言える表現・語彙を用いて伝えるよう助言する。
7分	4	教師の話す本文の内容を聞き理解を深める。	・生徒の理解を深めるよう適宜QAを交えながら教科書本文の内容を生徒の理解しやすい表現・語彙を用い言い換えながら伝える。
10分	5	理解したことをピクチャーカードを元にペアに伝える。	・自分の理解したことを自分の言える表現・語彙を用いて伝えるよう助言する。
3分	6	自分の伝えたストーリーをノートに書く。	・3分間辞書を調べたりすることなく書き続けるよう助言する。

4 授業展開例

❶課題1

　新しいユニットに入る時にはトピックと生徒を結びつける活動を行っています。そうすることで生徒がよりトピックを自分のこととして考え興味を持ち，自分の持っている知識などを活性化することで教科書本文を理解する際の助けとなるのではないかと考えています。

　このユニットでは京都の修学旅行がトピックとなっています。そこで英語で書かれた外国人観光客向けのそれぞれのお寺や名所について短くまとめられたガイドマップを元に語彙や表現を変え作成したオリジナル観光ガイドを読み自分の訪れてみたいスポットをペアで伝え合う会話活動を行いました。

教師　Look at a map of Kyoto. Maybe you know some shrine, temples or other sightseeing spots.

Now read information, then choose some places where you want to visit with some reasons in 5 minutes. Now start.

(Students try to read information on the map in 5 minutes.)

教師　Stop reading, please. Now check information with your partner. Now start.

(Students check information with asking questions each other.)

教師　Do you have any questions about information?

生徒　No.

教師　OK.　Did you choose some favorite places?

生徒　Not yet.

教師　OK.　Now you have three more minutes.　Choose some favorite places where you want to visit with some reasons.

生徒　Yes.

　　　（3 minutes）

教師　It's time to tell your favorite places in Kyoto to your partners in 3 minutes.

　　　Are you ready?　Start.

　活動を主体的に行わせるために時間の区切りをある程度コントロールしながら，トピックについて触れさせていきます。最後にはパートナーに自分の行きたいお気に入りの場所を理由も含め伝えますが，うまく言えることが目的ではありません。あくまでもトピックについて知り，自分のことと結びつけていくことが目的です。活動の最後には T-S で全体の前で聞いたりしますが，あくまでもトピックについてのやり取りを楽しみながら行いました。そうした後に，次のように尋ねます。

教師　Now you want to visit some places in Kyoto.　Tina, Aya and Taku visited Kyoto.　Why did they go there?　Where did the visit?　Listen to the story and answer my questions.

　トピックに関して，まず，自分のことを考えた後に，教科書の登場人物と結びつけていきます。そうすることで生徒は自然と教科書の世界に引き込まれていくようです。本文の内容を聞き，思考・判断を主体的に行うことができるようにするためには，それを可能にするための「お膳立て的支援」を行うことが必要です。それにより，学習者の「聞く」ことの質が高まることが期待できます。

❷課題2

　教員からの QA，そして教科書に掲載されているストーリー全体に関する QA に答えるために1〜2度聞いた後，いよいよ本文の大まかな理解をしていきます。ここでは，教科書本文の内容を表したピクチャーカードの並び変えでその理解度を見ていきます。代名詞が何を意味するかなどの細かな問は一切行わず，ピクチャーカードを元に話の流れを追えることを目的とします。

教師　Now it's time to put pictures in order of the story.　Listen to the story with seeing picture cards.

　　　（Listen to the story.）

教師　Would you like to listen to the story again?

生徒　No.

教師　OK. Now check with your partners the first. Now start.

と，言うや否やペアで手で指さしながらランダムに並べて貼られている黒板のピクチャーカードの順番を確認していきます。2人でストーリーについて理解したことを交わしながら楽しそうに順番を確認していく姿は1年〜3年まで変わらない姿です。その後，全体で順番を確認していきますが，1回でクラス全体がそろったことはほとんどありません。常に複数意見が出されます。でもそうした時がもう一度ストーリーを聞くいいチャンスです。ここに至るまで何度かストーリーを聞いていますが，生徒には聞く必要性がうまれ，それまで以上に集中して聞く様子が見受けられます。その後，理解を深めるために"登場人物になりきり場面を考え，気持ちなどを考えて聞く"という視点を変えた「なりきりリスニング」と称したリスニングを行い，その後，気持ちを考えたりしながら最低一か所は音声CDと同時に発話するという「なりきりスピーキング」を理解を深める活動として行っていきます。

❸課題3

3年生ともなるとこれまで2年間の教科書本文の表現が定着してきた様子が見受けられます。教科書本文の理解を深めていくと共に，そうした表現を用いる場面として，そこまでに聞いたことで理解したことを自分の言える語彙や表現で伝える活動を行います。

教師　Why don't you try retelling with picture cards .

生徒　ちょっと難しい！（などなどそれぞれにパートナーと言い合っている様子が見られます。）

教師　Don't worry. You don't need to use difficult expressions, words and so on. Just try to tell what you understood to your partner with your words.

生徒　OK.

教師　Good. I'll give you 2 minutes. Now start.

3年生ともなると教科書の本文が長くなり2分ではすべて言い切るということはできませんが，ペアで行っているよさをここで生かします。自分のペアが言い終えたところから今度は自分が引き続き伝えるという，「リレートーク」を行っていきます。この活動をあえてこのラウンド1で取り入れています。そこには，アウトプットの負荷を下げること，自分のペアの言うことを聞くことで更なるインプットにつながる，そして，話を引き継がなければならないので，よく聞かなければならないという状況を生み出していきます。1回目は右に座ってる生徒が主に前半部分を言い，交代して左に座っている生徒が後半部分を言い，2回目には逆を行いトータルではそれぞれが本文の全てを一度はアウトプットしているようにしていきます。

教師　Time is up. Now have a review with your partner.

生徒　ここなんて言うのかなあ…。

活動が終わったのちには振り返りを必ず行わせています。ここでは一度アウトプットさせる

のは，前述したように使わせる場面としての意味もありますが，アウトプットすることで理解していたつもりでもあやふやであったりという "ギャップ" を感じさせ，ならばもう一度聞いてみよう，聞いた時にはここを重点的にと自らインプットを更に取り入れさせようとすることを狙っているのです。そこで途中でオーラルインタラクションを入れています。

教師 Now check the story together. Where did Tina, Aya and Taku go?
生徒 Kyoto.
教師 Right. Why did they go there?
生徒 School trip.
教師 Right. They went to Kyoto for a school trip.

　これまでの授業展開の中で行ってきたやりとりなどから入り，ピクチャーカードを用いて教師が多少のやり取りを交えながら Retelling を行っていきます。生徒は一度 Retelling を行っているので自分の理解のあいまいなところや，うまく表現できないところを把握しています。だからこそ，教師がアウトプットの後にオーラルインタラクションを行う意味が出てくるのです。生徒はこれまで以上にこちらの話すことに集中して聞く様子が見受けられます。

5 授業の振り返り・評価

　最後には Retelling したことをライティングしているので，そこに書かれたことを読み，理解が間違っていないかを確認を行います。ここでは大まかな理解にとどまっているので，評価はそのノートに書かれた本文内容についての生徒の理解の様子，そこで使用されている表現や語彙についてそれぞれの生徒の状況を把握する程度に留めています。この先ラウンドが進む中で，表現，理解，知識を定期テスト等で評価していきます。

6 家庭学習の工夫

　家庭学習はそれぞれのラウンドごとに課しています。ラウンド1では教科書本文の音声を家で聞くという課題を出しています。これは教科書本文の CD を購入させているので行えていることですが，それ以外のものでも家庭でリスニングを沢山行うことを推奨しています。リスニングをしっかり日々行っていることで，このラウンド1の取組などでその取組の成果が生かせる場面があります。行わせっぱなしではなく，家庭で取り組んだことが授業の何らかの場面で生きるよう工夫しています。そうした授業と家庭学習の連携を意図的に行っていくことで生徒自身もそれに気づき始め，自ら取り組む姿勢が育まれていく様子が見受けられます。

（西村　秀之）

既習言語材料・学習内容を活用させる Discussion

学習場面			技能				
語彙・文法の学習	音読による学習	教科書本文を用いた学習	リスニング	リーディング	スピーキング	ライティング	複数技能統合
英語を使いながら定着・発展を目指す学習のプロセスの中での理解・定着を目指す深い学び			●				
英語を使いながら定着・発展を目指す学習のプロセスの中での表現・発信を目指す深い学び					◎		
他者との協働で英語への気づき，技能の向上につながる対話的な学び							◎
学習者自身が見通しを持って能動的，主体的に取組む主体的な学び						●	

(英語を使いながら…のプロセスの中での理解・定着を目指す深い学び の行で リスニング に ●。表現・発信を目指す深い学び の行で スピーキング に ◎。他者との協働… の行で 複数技能統合 に ◎。主体的な学び の行で ライティング に ●。)

1 授業のねらい

　多角的な見方の中から自分にとって大切なことを客観的に把握させることでレジリエンスを高め，学ぶことの意義と平和の大切さについて改めて考え，グローバルな視点に立ち世界に発信していく力を育む。既習の語彙や表現を活用しながら，自分の考えを即興で他者に伝える発信型の言語活動を通して，情報収集力・思考力・表現力・実行力を育む。

2 授業づくりのポイント

　実際に起こった真正の問題を取り上げ，世界で現実に起きていることを知ると同時に，生徒自身の内面に迫っていきます。ディスカッションを通して，自分と他者の考えの違いに気づき他者の多様な価値観を認めながら意見や立場の違いを調整する力と，自他の考えを統合し新しい考えを構築する力をつけます。また，帯活動とも絡め，協働的学びの中で，他者を尊重し思いやりのある人間性と，問題解決に向けて行動を起こすことのできる力を育みます。

3 学習指導案・活動の流れ（50分）

時間	生徒の学習活動	教師の指導・支援
Step 1 20分	1　帯活動 　①Warm up 1　Vocal Exercise / Pair activity 　②Warm up 2 　　1　Greetings【全体】 　　2　Student teacher presentation【個人→全体→個人】 　　3　Reading a story【個人→ペア→全体→個人】 　　4　Bingo【個人】 　　5　Hiroshima style workbook【個人→グループ→全体】 　　6　One minute monologue【個人→ペア→全体→個人】	・迷子になっている生徒がいないかペアで確認をしながら進める。 ・ルールを守り発話をしているかをモニターする。 ・既習の語彙や英語表現を活用し発話ができるように支援する。
Step 2 10分	2　導入 　世界でおきていることとマララ・ユスフザイさんのことについて知る。	・ICT を活用しながら生徒の理解を促す。
	課題1　To share ideas about Malala's speech in the group after reading.	
	3　Reading【個人】 　個人：自力で6分間国連スピーチ原稿を読む。 4　Discussion 1【グループ→全体】 　読み取った内容についての考えをシェアする。	・辞書なしで知らない単語や表現があっても推測しながら読むように支援する。 ・グループ全員が発言するよう支援する。 ・他のグループの発表から，様々な英語表現に気づかせるよう支援する。
Step 3 20分	5　Discussion 2	
	課題2　To discuss what is the most important and know friends' ideas.	
	Group discussion【グループ】 話した内容をシェアする。【全体→個人】 6　Feedback【グループ→全体→個人】 　Consolidation	・原稿を読んだ前後の自分の思いを比較して考えを述べさせる。 ・書き起こす中で表現の正確性やつながりに気をつけさせる。 ・振り返りにより自分の取り組みを客観的に見るようにさせる。

4 授業展開例

❶ Step 1

　発信力を培い4技能をバランスよく習得できるように8つの帯活動を行いました。発話しやすい雰囲気と発話を自動化するベースづくりのために，協同的な学びの中でアウトプットする中で気づきが生まれるように，インタラクションを重視した帯活動を仕組みました。帯活動はそれぞれが有機的につながり，後半のメイン活動を支えるものとなるように構成しています。変化を持たせながら毎時間行うので，無駄な時間がなくなりスピーディに多くの活動を行うことができ，生徒たちの自信や安心感となります。

❷ Step 2

　本時までに，生徒は「NPO法人・宇宙船地球号」を創設し，世界各国でボランティア活動を行いながら「国際協力師」として途上国支援の取組を続ける山本敏晴氏の活動とマザー・テレサの生き様について学びました。特に「お絵かきイベント」で子どもたちの描いた大切なものの絵に込められたメッセージから途上国の現状を知り，各国の社会問題についても考えました。自分たちの豊かで便利な暮らしが途上国の人々の命の上に成り立っている現実を知った上で，自分にとって大切なことを考える（自己関連性）ことでより深い学びへ導くことがねらいでした。現実世界で起こっている真正の問題解決に取り組むことは，生徒の学びを探求的にします。そこで，以下のような導入と発問を行いました。

　2つの地図を示しそれが何かをグループで推測しました（スキーマの活性化）。ひとつは一部色が塗ってある地図（1945年以降戦争が起きていない国の地図），もうひとつは炎がいっぱいの地図（1990年以降戦争が起きている国を示した紛争地図）でした。生徒たちはまだ多くの国で紛争が続いていることに驚いていました。そして，次にマララさんの写真をパネルクイズにして示しました。グループで情報をシェアさせると，ほとんどの生徒は顔と名前，銃撃されたこと，国連でスピーチをしたことは知っていましたが，スピーチの詳細については知らない生徒が多数いました。そこで，まず辞書を使わず注釈なしの原稿を読み，その後分かったことや感じたことをグループディスカッションしました（課題の提示・課題意識・Think-Pair-Share）。

教　師 How did you feel after reading the speech script? Let me know your opinion.

生徒A I think she is very strong. The differences between Malala and me are courage and confidence. So when I do something I want to do something with courage and confidence.

生徒B I think studying is very important. But I didn't think before I read her speech. I was very surprised to know she couldn't study at school. So I want to study hard.

教　師　Study what subject?

生徒B　English. (Laugh) We can study many things about other countries, many people cannot study. So I want to treasure studying.

生徒C　I was impressed by her because she is a kind and strong girl. Because she is as young as me but I cannot say my opinion like Malala. And she confronted with the Taliban so I think she is very brave and she really hopes all children can go to school like us. So she can appeal her opinion. I respect her.

生徒D　Her action is respect.

教　師　You respect her.

生徒D　Yes. If I were Malala, I couldn't take an action like her. Because I'm afraid of Taliban and might be killed by Taliban. So I want to be a person like her.

生徒E　I felt education is so important for us. We always go to school safety. But after reading her speech going to school is so wonderful. So we should be thankful to go to school. This speech affected all of the world. I think she is a so kind person. So I want to be a good person like her.

　過激派に銃撃され危険にさらされながらも，イスラム圏の女性や子どもたちの教育を受ける権利を訴え，勇気ある発言と力強い活動を続けている17歳の少女が国連で行ったスピーチです。生徒たちは自分たちと同世代の少女の過去と現在と，自分の現在を比較し大きな衝撃を受けていました。彼女の言葉から生徒たちが大きく自分の価値観が揺さぶられた様子が発話からもうかがえました。（思考の活性化）

❸ Step 3

　マララさんのスピーチから考えたことを受け，自分にとって大切なことを再度ディスカッションしました（学びの深化・思考プロセスの外化・Think-Pair-Share・学習プロセスの協働化）。以下の発問をジャンプの課題として生徒の深い学びを促しました。

教　師　You know Malala's ideas after reading her speech. Have you changed your opinion? You wrote the important thing to you. Please remember Mr. Yamamoto's activities, Malala, Mother Tereasa's words and so on. Please discuss what is the most important thing to you. Of course after discussing, let me know your ideas. I want you to summarize the group discussion.

１年生からの学習内容も含め，ディスカッションを通し，世界の出来事に関心を持ち，自ら学び続けることの大切さや，当たり前に迎えられる毎日の生活が本当に有り難いことなのだということを感じてくれたようでした。ディスカッションのように自分の思いを語る言語活動は，支え合い高め合いによる温かい学習集団が構築されてこそ可能になるものです。自分が感じたことを述べることは生徒同士をつなぎます。自分の意見だけを押し通したり，各自の主張をしたりして終わるのではなく，自分と他者の考えの違いに気づき，多様な価値観を認めながら意見や立場の違いを調整し，自分自身の考えを見直すと共に自他の考えを統合し新しい考えを構築する力をつけることになると思うのです。そういう集団の中であれば英語活用力の伸長も図られていきます。今回の言語活動を通し，教材との出会いや人との関わりの中で生徒たちは視野を広げ，心の内面と向き合うことができました。生徒たちは世界のことを知り，仲間と共に考え，思いや考えを発信するような自己拡大を求める学びを授業の中で経験すると，今まで以上に授業と共に学ぶ仲間を大切にするようになります。自分たちが日頃当たり前に感じている日常の出来事に対してその意味を問い直し自分と対峙し始めるのです。自分に何ができるかを真剣に考え始めます。授業と教材を通してつながり真の意味でのコミュニケーションを図るようにもなります。このような営みを通して，さらに英語という言葉により，気づきと人間的成長をもたらすアクティブ・ラーニング型の授業を模索していくことが必要だと思います。

5 授業の振り返り・評価

　活動の途中や最後に「振り返り」を行うことで，活動中に気づかなかったことを意識化させたところ，自分を客観的に見るメタ認知力が強化されたように思います。他者の思いにふれ自分の立場や考えを再考するという自己関連性の強い言語活動を仲間と共に行ったことが大きく作用していると思います。メタ認知力の高まりによってモチベーションも向上していきました。

　Kolb の経験学習モデルによると，「適度に難しい課題に取り組んでいるか」（体験）「フィードバックを得ているか」（振り返り）「学んだことを活用する機会をもっているか」（適用）の３点を意識すると経験学習の質が向上すると言われています。

　以下がディスカッション後に生徒が使用した振り返りシートになります。生徒につけてもらいたい力を振り返ることができるように項目立てています。

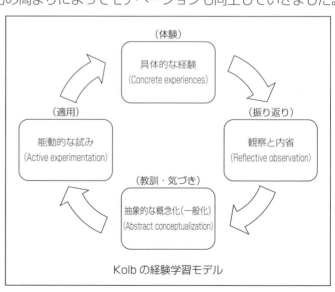

Kolb の経験学習モデル

〈Review〉

Speaker				
1 できるだけたくさんの文を言おうとした	Very good	Good	So-so	Need to try harder
2 話を続けようとした	Very good	Good	So-so	Need to try harder
3 相手に伝わりやすいように話す順番を考えて言った	Very good	Good	So-so	Need to try harder
4 つまったときにつなぐ表現を使った	Very good	Good	So-so	Need to try harder
Listener				
1 リアクションをした・確認の表現を使った	Very good	Good	So-so	Need to try harder
2 話し手のことをほめた	Very good	Good	So-so	Need to try harder
3 10ルールズをふまえて活動をやりきることができた	Very good	Good	So-so	Need to try harder

6 家庭学習の工夫

ディスカッションするにあたっては，自分が表現することができる材料が必要です。そのストックを多くしておくために，家庭学習で行うのはやはり音読と暗誦です。今回のように世界のことに目を向けさせたい場合には，英語の時事ネタが書かれてある記事などを配り，それを読んだりまとめや意見を書いたりすることやディスカッションを終えて話したことを書き起こしたりグループの話をまとめることが家庭学習になります。

7 ワークシート例

活動の流れとポイントを示すことで活動に集中させることができます。メモ欄を活用することで自分の思考や仲間の考えを残すことができます。

Program 7　What is the most important thing to you?

Class (　　) No (　　) Name (　　　　　　　　　)

1. Brainstorm your idea about the topic.

2. What do you want to tell to change the world? Write down your idea.

3. Write down how you felt after reading Malala's speech to the UN General Assembly.

4. Write down the most important thing to you and your reason.

（胡子美由紀）

正解のない問いを与え，英語で意見文を書く協働学習

学習場面			技能				
語彙・文法の学習	音読による学習	教科書本文を用いた学習	リスニング	リーディング	スピーキング	ライティング	複数技能統合
			〇				
					〇	◎	
			〇		〇	◎	
			〇		〇	〇	

（行見出し）
- 英語を使いながら定着・発展を目指す学習のプロセスの中での理解・定着を目指す深い学び
- 英語を使いながら定着・発展を目指す学習のプロセスの中での表現・発信を目指す深い学び
- 他者との協働で英語への気づき，技能の向上につながる対話的な学び
- 学習者自身が見通しを持って能動的，主体的に取組む主体的な学び

1 授業のねらい

> 友達との協働学習を通じ，英語で意見文を書くことができる。

2 授業づくりのポイント

　「学び合い」と「教え合い」は違います。「教え合い」は正解があって，答えを友達と確認したり，解き方を考えたりして，正答に導く学習活動です。（時に解き方の多様性を考えることで，学び合いとなる場面もある。）それとは違い，正答のない問いに対して，様々な知恵を出し合って，課題解決に向かうのが「学び合い」です。よって「学び合い」をさせたければ，「正解のない問い」が必要です。そして「学び合い」は，まず「個人で考えさせ」，次に「ペアで意見・考えを共有し合い」，さらに「グループで考えを伝え合い」，そして「全体の前で発表し」，討論や意見交換し，最後に，「最終的な自分の考えを書く」という学習過程を踏みます。

3 学習指導案・活動の流れ（50分）

時間	生徒の学習活動	教師の指導・支援
Step 1 5分	1　本時の活動の説明を聞く。	・本時の学習活動を示し，見通しを持たせる。できれば，次に何をするのかが見てわかる（可視化）ように，板書しておく。
Step 2 38分	2　課題を知り，意見文を書く。	・本時の課題を提示する。
	課題1　We should study English.	
	①個人で自分の考えを書く。（10分）	・書き出しを指定する。 〈例〉 I think we should study English. I don't think we should study English.
	②ペアで意見交換する。（5分）	・書いたものを読み上げるなど，お互いの考えを理解する。 ・よい意見は，メモをする等，自分の意見文に必要に応じ，付け足させる。
	③4人組で意見交換する。（8分）	・情報交換する。 ・質問や感想等を出し合う。 ・グループとして発表する原稿を完成させる。
	④全体の前で発表する。（7分） ⑤意見文を完成させる。（8分）	・最終的な意見文を書かせる。 ・友達から学んだ表現などを使ってもよいことを伝える。
Step 3 7分	3　振り返り 　　ワークシートで本時の学習を振り返る。	・友達との学び合いを通じ，学んだことや感想等を書かせる。

4 授業展開例

本時は，友達の対話や，友達の意見や考えを聞くことを通じ，課題を深め，自分の意見・考えをまとめていく「学び合い」の指導過程を踏んだライティングの授業です。

❶ Step 1

黒板の本時のねらいと学習過程を示し，ねらいと見通しを持った学習活動にします。

〈板書〉

① 個人で考える（10分）
② ペアでシェアリング（5分）
③ グループでのシェアリングとグループの意見文の完成（8分）
④ 全体発表（7分）
⑤ 自分の意見を完成させる（8分）
⑥ 振り返り（約7分）

教師 今日は，「**英語を書く**」「**考えて書く**」という勉強です。入試にも，自分の考えを整理し，英語で書いて表現する問題も出ます。今日は，そのようなときに，役立つ勉強法をみんなで学び合えたらと思います。

> 本時のねらい：友達との協働学習を通じ，英語で意見文を書くことができる。

❷ Step 2

次に，本時の課題の提示です。黒板に，We should study English. と書き，「この意見について，あなたの考えを書きなさい」と指示します。ここに約10分程度は時間をかけます。しかし，個別指導の必要な場面です。

〈板書〉

> We should study English.

教師 今日のテーマは，We should study English. です。この意見にみなさんはどう思うか英語で書いていきます。授業の最後には，友達との学び合いの中で気づいたことや表現を使って，自分の最終意見文を書いてもらいます。では，ワークシートを配ります。

ワークシートを配布する。

教師 まず，自分の考えを３文以上で書きます。時間は10分間です。まず，「勉強すべきだ」と思う人は，**I think** we should study English. で，もし，学ばなくてもいいんじゃないかな…と思う人は，**I don't think** we should study English. で始めましょう。まずは，最初の１文が大事です。最初の１文を早めに書き，立場を決めてしまいましょう。

①個人で考える。

出だしの１文でも，なかなか思いつかない生徒がいます。しかし立場を決めないと，理由づけができないので，焦らせてもいいので，早く書くように言います。

〈考えられる意見〉

英語を勉強すべき	・If we can speak English, we can communicate with a lot of people in the world. ・When we go for a trip to foreign countries, English will be useful. ・Studying English is fun. ・We have to take an English test to enter high school.
英語を勉強しなくてもよい	・Some people have to use English, but most people do not use English in our daily life. ・I will not use English in the future. ・English is really difficult. ・English isn't useful for me.

②ペアで意見交換する。

次に，隣の人と読み上げる等，意見の交換を行う。そして，友達の意見を聞いての感想や質問等を出し合い，よりよい意見文になるようにメモ等をしておく。

③グループ（４人組）で意見交換する。

机を向か言わせ，４人１組のグループにします。そして４人いるので，それぞれ１人ずつ，意見を読み上げ，考えや理由をシェアーします。学習チームとして，どれか１つの意見にまとめ，意見文をつくり，自分たちの意見をクラスのまで発表させてきます。

④全体の前で発表する。

机を前に向けさせ，班ごとに順番で，意見を英語で述べさせます。他の班は，意見をよく聴いたり，よい意見などをメモします。

⑤最終意見文を書く。

清書するつもりで，最終意見文を書きます。友達の使ってよい表現なども盛り込んでよいこととします。

5 授業の振り返り・評価

「協働学習」という形で，他と協力して課題解決にあたりながら，意見文を作っていきます。「予測できない未来」に対応するためには，主体的に他と対話し，考えを深め，発展させていく「協働的」な態度が必要で，これもアクティブ・ラーニングです。

そこで，振り返りカードも，アクティブ・ラーニングの視点で，身に付けさせたい態度や技能が振り返れるようにします。

振り返りシート

1　正解のない問いに対して，友達と協力して，課題を解決しようとしましたか。

　　　　　　　　　　　　　　　　　　　　　　　　　　　　　　4　3　2　1

2　一生懸命，英語で自分の考えや意見を考えましたか。　　　　4　3　2　1

3　友達の英語を聴いて，学んだ表現は何ですか。

（　　　　　　　　　　　　　　　　　　　　　　　　　　　　　　　　）

4　友達との対話などを通じ，自分の意見文を書くことができましたか。

　　　　　　　　　　　　　　　　　　　　　　　　　　　　　　4　3　2　1

---

6 家庭学習の工夫

生徒の英語学習の必要感の大きな1つは，「入試」です。特に3年生になれば，入試力を付けようと，生徒は勉強します。英語では，リスニング，リーディング，ライティングと大きく3つの領域がおおまかなテストとなります。（そこに単語や文法などの言語文化の問題も加わる場合もあります。）そこで，本時で学習した意見文を，さらに書くことに慣れ親しみ，自分の意見を英語で表現できる力をつけるために，以下のようなテーマらから1つ選び，家で書いてくるようにします。

（例）　次の質問に，あなたの考えを4～5文で書いてみよう。

Which do you like better, school lunches or box lunches?

Which do you want to go to, the sea or the mountains?

Which do you like, a city life or a country life?

Which do you want to have, a dog or a cat?

〔参考文献〕　Chapter 4 Project 『TOTAL ENGLISH 3』 学校図書　H28年度版

7 ワークシート例

自分の考えや意見を英語で書こう

Class（ ） Number（ ） Name（　　　　　　）

We should study English

◎この考えに対して、あなたはどう思いますか。英文5
～6文で、あなたの考えを述べなさい。

Step1　Write your own idea.
（自分の考えを書きましょう）

Step2　Share your ideas with your partner.
（考えを交換しましょう）
＊友達の意見を書いておきましょう。

Step3　Share your ideas in your group.
（グループ発表しましょう）
＊友達の意見でなるほどだな、この表現いいな
あ、と思うものを書いておきましょう。

Step4　「英語を勉強すべきか」「しなくてもいいか」,
どちらかの意見に合わせ、グループで1つの意
見にしましょう。

Step5　Share in class.　全体発表
＊出された意見をメモしておきましょう。

Step6　Write your ideas about today's topic.
＊友達から学んだ表現等を取り入れながら、最
終的な自分の意見文を書きましょう。

（瀧沢　広人）

オススメの旅行プランを売り込もう！
プレゼンからインターラクションへ

	学習場面			技能				
	語彙・文法の学習	音読による学習	教科書本文を用いた学習	リスニング	リーディング	スピーキング	ライティング	複数技能統合
英語を使いながら定着・発展を目指す学習のプロセスの中での理解・定着を目指す深い学び				◎				
英語を使いながら定着・発展を目指す学習のプロセスの中での表現・発信を目指す深い学び				●		◎	●	◎
他者との協働で英語への気づき，技能の向上につながる対話的な学び				◎		◎		◎
学習者自身が見通しを持って能動的，主体的に取組む主体的な学び				◎		◎		◎

1 授業のねらい

本単元では自分が旅行代理店の店員として，お勧めの旅行プランを分かりやすく，魅力的に英語で提案する活動を行う。この活動を通して，それぞれの国の世界遺産を始めとする有名な場所や食文化，スポーツなどをより詳しく相手に紹介する力をつけたい。

2 授業づくりのポイント

本単元の終末の活動では，「『スーパー・エイジェント』として，お勧めの旅行プランを売り込もう。」という目標を設定し，自分の好きな国の旅行プランを売り込む活動を行います。旅行プランをお勧めする際に，自分の話したい内容を一方的に話すのでは，独りよがりの紹介になり，押し売りになってしまいます。そこで，今回は「相手の興味や意向に沿って自分の準備した内容を話す部分」（発表）と「お客からの質問に即興で答えながら話したり，ライバル会社のプランを聞いた上で比較して話したり，その場で必要な情報を付け加えたりする部分」

（やりとり）の時間を分けて設定し，後者の時間をできるだけ長く取ることにより，より即興的で双方向のコミュニケーションの場を作り出そうと考えました。活動を通して，生徒は相手の話を聞き，問答したり，考えを述べあったりする力をつけることを目指します。

3 学習指導案・活動の流れ（50分）

時間	生徒の学習活動	教師の指導・支援
5分	課題1　相手の興味や意向に沿って，お勧めの旅行プランを売り込もう。	
	1　教師の話を聞き，本時の学習内容と課題をつかむとともに，活動で大切にすることを確認し，自己課題を記入した後，個人で練習をする。	・相手に質問し，好みや意向を引き出しながら，自分のお勧めの旅行プランを詳しく，分かりやすく紹介するように働きかける。
Step 1 3分	〈第1ラウンド〉 2　「お勧めの旅行プランのプレゼンテーション」 ①3人組を作る。 ②そのうちの2名が旅行会社役（A社＆B社）。1名はお客役。 ③A社のプレゼン1分半。続いて，B社のプレゼン1分半。	・事前に準備してきた旅行プランをわかりやすく，お客の好みや意向に合わせて丁寧に説明するようにさせる。 ・誰にでも同じ内容を，同じ順序で話すのではなく，相手に合わせた内容や表現を選択したり，話す順番を変えたりするなど柔軟に対応するように支援する。
Step 2 4分	3　「お客からの Question Time」 両方の説明を聞いた上で客が質問をしたり，販売員がさらに説明をしたりする。（4分）	・お客が，聞き取った両社の説明の中で，疑問なことやもっと詳しく知りたいことを積極的に尋ねるように支援する。
Step 3 2分	4　「お客がプランを選ぶ Judging Time」 客は選んだ販売員にトラベルクーポンを渡し，選んだ理由を伝える。（2分）	・単に好き嫌いで判断するのではなく，選択した理由を述べながら，旅行プランを決定するように働きかける。
4分	教師からのアドバイスを聞く。	・第1ラウンドの振り返りを行い，全体でシェアする。
13分×2	〈第2，3ラウンド〉 5　役割を変えて Step 1〜Step 3を繰り返す。	・グループの中で役割を交代して，同様の活動を行う。
6分	6　活動の振り返りをする	・全体の課題，また，個人で設定した課題に対する振り返りを行わせる。

4 授業展開例

❶ Step 1 「お勧めの旅行プランのプレゼンテーション」

　まず，3人組を作ります。そのうちの2名が旅行代理店の店員役となります。（A社&B社）。残りの1名はお客役です。まず，A社のプレゼンテーションを1分半行い，続いて，B社のプレゼンテーションを1分半行います。

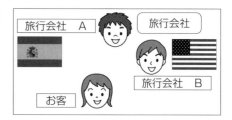

　プレゼンテーションの内容はあらかじめ準備しているものですが，それを単に再生するのではなく，お客さんの好みや意向を尊重しながら，話題を切り出したり，話を展開したりしなければ，お客さんにとって魅力ある旅行プランであると理解されません。そこで，既習表現を駆使しながら相手に質問したり，質問の答えからさらに話題を広げたり，深めたりしながら相手の好みを探り，お勧めするプランの「売り込みポイント」を十分に伝えるようにさせました。

旅行会社A	Hello. I'm from 'Happy travel'. Today I'll show you a nice travel plan. The place I want to recommend is Spain. I know you're interested in sports, right?
お客	Yes, I like sports. Especially, I like watching sports.
旅行会社A	OK. Do you like soccer?
お客	Yes, I do. I sometimes watch soccer games on TV.
旅行会社A	Nice! Spain has popular soccer teams. For example, FC Barcelona. It was a world champion team last year. So you can enjoy watching players running and fighting on the field.
お客	It sounds nice. What is a famous place in Spain?
旅行会社A	There will be many things to see. For example, Sagrada Família is famous. Have you ever seen this?
お客	No, I haven't. I don't know it. Could you tell me more?
旅行会社A	It is a temple made by Gaudi. It is a very beautiful temple and the symbol of Spain. I'm sure you like it.

　＊続いて，旅行会社Bが，お客に旅行プランの説明をする。

❷ Step 2 「お客からの Question Time」

　お客が，聞き取った両社の説明の中で，疑問なことやもっと詳しく知りたいことを英語で尋ね，プラン選びの判断材料とします。旅行会社の店員役の生徒は，プランの魅力をアピールす

るチャンスです。また，対抗するプランよりも，自分のプランがより魅力的であることを強調するチャンスでもあります。

旅行会社B　A said, "There are more beautiful places in Spain. It may be true, but America has more beautiful places. For Example, Niagara Waterfall and Grand Canyon. If you want, you can see the beautiful view from the sky. Do you want to do it?

旅行会社A　I think you can do many things in America, but there are more exciting things in Spain.　Especially, I recommend you Flamenco. You'll enjoy dancing all night.

お客　I see. I want to eat something delicious. Please tell me about it.　…（さらに続く）

　Step1のプレゼンテーションは，原稿を書いてその内容を覚えるなど，ある程度，準備をして臨んだ活動でした。しかし，Step2では，"I want to eat something delicious. Please tell me about it." のように，お客からの予期せぬリクエストがきたり，詳しい説明を求められるなど即興的な要素が大きくなります。さらに，"A said…" のように，対抗する旅行会社が述べた内容を積極的に聞き取り，それを踏まえて，自社のプランのよさを強調するなど，さらに，複雑な技能の連携が必要となる活動です。

❸ Step3　「お客がプランを選ぶ Judging Time」

　客は選んだ販売員にトラベルクーポンを渡し，選んだ理由を伝えます。単に好き嫌いで判断するのではなく，選択した理由を述べながら，旅行プランを決定するようにしました。

お客　OK. I'll take trip to Spain, because I want to watch soccer games in Spain. I wish to see Messi. And I want to see flamenco and try to dance.

　お客役の生徒も，両旅行代理店の提案する旅行プランのどの部分に魅力を感じたのか，自分の思いや意向と何が一致したのかを考え，表現する必要があります。英語を通して，自らの思考・判断・表現する力が必要となる活動となっています。

5 授業の振り返り・評価

　本単元の課題は「『スーパー・エイジェント』として，お勧めの旅行プランを売り込もう。」ということでした。この活動は，生徒が「自分の考えを伝える」「他者と関わる」必然性を生

み出すことができました。また，「柔軟に対応する姿」や「思考しながら話す姿」を生み出すことができました。たとえば，　お客の興味や意向に合わせてプランを紹介することで，誰にでも同じ内容を，同じ順序で話すのではなく，相手に合わせた内容や表現を選択したり，話す順番を変えたりするなど柔軟に対応する中で，生徒は思考しながら話すことになりました。また，ライバル会社との関わりでは，準備した内容を一度紹介して終わりではなく，ライバル会社の紹介を聞いてから再度説明を付け加える機会を設けることで，生徒は相手の話を自分の内容と比べながら聞き，さらに，「どうしたら効果的な主張になるか」を思考しながら話すことになりました。

　お客は，最終的に2社からのお勧め旅行プランを聞き，最後に気に入ったプランを選択しました。その際に，選んだ理由を述べることで，単なる競争に終わることなく，プレゼンテーションの仕方や紹介の内容，英語の話し方など良かった点や改善するとよい点を伝え合うことになり，相互に評価しながら，お互いに高め合う場とすることができました。

　これらの視点により，次のような項目を設定し，授業の終わりに各自で振り返りを行いました。

【振り返りシート】

	◎ Very Good	○ Good	△ Practice!
お客の興味や意向を引き出しながら，自分の考えを話しましたか。	◎	○	△
ライバル会社のプランを聞き，自分のプランと比較しながら話しましたか。	◎	○	△
資料を適切に使いながら，自分のプランを分かりやすく話しましたか。	◎	○	△
プランを選んだ理由を自分の考えや気持ちを付け加えながら話しましたか。	◎	○	△
仲間の姿から「こうするともっとよかった」と思うことは何ですか。			

6 単元の指導の流れ（全13時間　本時13／13）

第1時…単元の目標を理解し，「スーパー・エイジェント」になるためのコツをつかむことができる。

第2時…関係代名詞 that, who, which の主格用法を理解することができる。

第3時…関係代名詞 that, which の目的格用法を理解することができる。

第4時…メイリンと健の対話を読み取り，「黒い屋根の上にあるものは何か」を理解することができる。

第5時…健の和室を説明する文を読み取り，和室のよさを理解することができる。

第6時…健がこたつを説明する文を読み取り，日本人の生活様式や文化に対する健の考えを理解することができる。

第7時…メイリンが図鑑から見つけた「土楼」と「ゲル」について書いてある文章から，それぞれの特徴を表す言葉を抜き出しながら，読み取った内容をまとめることができる。

第8時…「土楼」と「ゲル」のどちらかを訪れる旅行プランを作成し，事実や特徴を伝えながら，相手に気に入ってもらえるように紹介することができる。

第9，10時…自分のお勧めの国の情報をもとに，プレゼンテーションの原稿と資料を作ることができる。

第11時…自分のお勧めの国を売り込むプレゼンテーション活動の練習を通して，より詳しい情報を適切に相手に伝えることができる。

第12時…相手の好みや興味に合わせて説明ができるように，質問をしながら説明することができる。

第13時…お勧めの旅行プランを売り込む活動を通して，相手と問答しながら相手の興味や意向
（本時）　に合わせて話したり，それぞれの立場の人の話を受け入れて自分の考えを話したりすることができる。

〈資料：プレゼンテーションのポイント〉

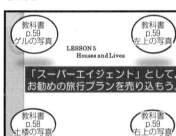

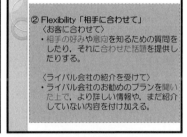

LESSON5「Houses and Lives」『NEW CROWN 3』三省堂　H24年度版

（巽　　徹）

第3章

アクティブ・ラーニングを位置づけた中学校英語科の授業の評価

1 | 次期学習指導要領改訂の視点

　アクティブ・ラーニングを位置づけた授業における評価について考える前に，第2章の様々な実践の土台となっている考え方について，もう一度振り返っておきましょう。

　次期学習指導要領改訂にあたっては，育成すべき資質・能力が，次のような「三つの柱」に整理して示されています。

　1）「何を知っているか，何ができるか（個別の知識・技能）」

　2）「知っていること・できることをどう使うか（思考力・判断力・表現力等）」

　3）「どのように社会・世界と関わり，よりよい人生を送るか（学びに向かう力，人間性等）」

　　　　　　　　　　　　　　　　　（H27中央教育審議会教育課程企画特別部会の「論点整理」より）

　英語科においては，1）理解・定着させた様々な文法知識や語彙など，また，「聞く」「話す」「書く」「読む」といった各技能を基にして（個別の知識・技能），2）それらを用いたコミュニケーションを行います。その際には，コミュニケーションを行うねらいを考え，どのように効果的にコミュニケーションを行っていくか判断することが必要になります。その上で英語を用いて表現する（思考力・判断力・表現力等）ということになります。また，1）2）の力が働く方向性を決定づける情意や態度などに関わるものとして3）学びに向かう力，人間性等が示されています。これら，1）2）3）の関係を示したものが下の図です。

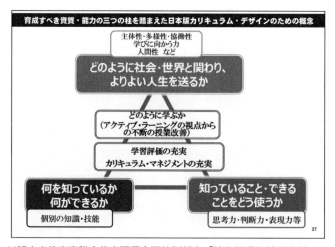

H27中央教育審議会教育課程企画特別部会「論点整理」補足資料より

2 ┃ アクティブ・ラーニングの役どころ

　前頁の図の三角形の各頂点に示された「三つの柱」は，「何ができるようになるか」ということを示した「育成すべき資質・能力」です。また，この「三つの柱」は，学校教育法が規定する「学力の三要素」とも重なるものです。これからの時代を生き抜く子どもたちに必要な資質・能力を改めて強調して示したものととらえられるでしょう。

　そして，それらの資質・能力をどのように手に入れ，身につけるかの手段として，「アクティブ・ラーニング」の視点を取り入れた様々な学びを行おうとしているわけです。さらに，「三つの柱」をバランスよく育てていくためには，これらの学びを絶えず改善し続けていく必要があります。そのために，子どもたちの学びの様子をしっかりと見極め，指導の在り方を振り返るための評価が重要となってきます。

　先ほどの図にはアクティブ・ラーニングの視点を取り入れた「不断の授業改善」と並行して「学習評価の充実」という項目が掲げられています。学習評価を充実させることにより，指導と評価の一体化を図り，学習指導と学習評価の PDCA サイクルを確立しようとするものです。

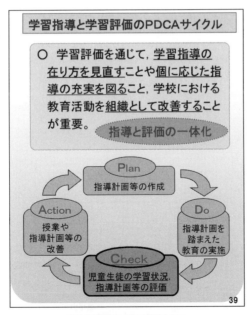

「論点整理」補足資料より

3 学習評価の考え方

　学習評価は，学校における教育活動に関し，子どもたちの学習状況を評価するもの（「論点整理」）とされています。これに異論の余地はありません。ただし，時として「評価」は，５段階や３段階の「評定」のために実施しているとの誤解もあるのではないでしょうか。「論点整理」で，明記されているように，本来，評価は「「子どもたちに何が身についたか」という学習の成果を的確にとらえ，教師が指導の改善を図るとともに，子どもたち自身が自らの学びを振り返って次の学びに向かうことができるようにするため」のものであるはずです。

> 学習評価のねらい
> ①教師が指導の改善を図る
> ②子どもたち自身が自らの学びを振り返って次の学びに向かう

　子どもたちの「深い学び」「対話的な学び」「主体的な学び」を重視するアクティブ・ラーニングの取組みにおいては，上記の①②に生かせる評価を行うことの重要性が高いものであることがわかります。学習状況を分析的にとらえる「観点別評価」も総括的にとらえる「評定」も，①②につながるものである必要があります。

　ところで，「観点別評価」の観点ですが，さきほどの，「三つの柱」との関係から，これまでの「４観点」（「知識・理解」「技能」「思考・判断・表現」「関心・意欲・態度」）から，「３観点」（「知識・技能」「思考力・判断力・表現力等」「主体的に学習に取り組む態度」）への整理が検討されているようです。それぞれの観点の内容も含めて今後の議論の様子に注目したいと思います。

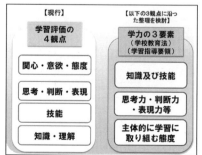

H27中央教育審議会教育課程企画特別部会「論点整理」補足資料より

4 | 多様な学習評価の在り方

アクティブ・ラーニングの取組みにおいては，様々な形態で様々な内容の活動が行われることになります。そこで，評価の方法においても，ペーパーテストの結果や特定の活動の結果のみに偏った評価であっては，指導と評価の一体化が図れません。したがって，多様な評価のあり方が求められることになります。

ここでは，多様な評価の例として「パフォーマンス評価」や「パフォーマンス評価」を行う上での規準を示すための「ルーブリック」の活用，また，子どもたち自身が自らの資質・能力の伸びを把握していくための日々の記録やポートフォリオを生かした評価の方法について考えていくことにします。

❶パフォーマンス評価

「論点整理」では，児童生徒の学びの深まりを把握するために，多様な評価方法の研究や取組みが行われているとして，その例の一つに「パフォーマンス評価」をあげています。「パフォーマンス評価」とは，論述やレポートの作成，発表，グループでの話合い，作品の制作等といった，実際に子どもたちが知識やスキルを使いこなすことを求めるような評価方法のことで，次のように説明されています。

> 【パフォーマンス評価】
> 知識やスキルを使いこなす（活用・応用・統合する）ことを求めるような評価方法。
> 論説文やレポート，展示物といった完成作品（プロダクト）や，スピーチやプレゼンテーション，協同での問題解決，実験の実施といった実演（狭義のパフォーマンス）を評価する。
> （H27中央教育審議会教育課程企画特別部会「論点整理」補足資料より）

英語科の学びで考えると，子どもたちが実際に英語を話している様子や英語で書いた作品などを対象として評価することになります。生徒同士の会話の場面や英語によるプレゼンテーション（発表）の様子を観察したり，教師と生徒，ALTと生徒の会話など，インタビューの形で面接したりすることが考えられます。評価の場面は，個々の生徒とのインタビューテストなどのように評価のために実施する活動に限らず，授業中の活動の一場面や授業中の生徒の発話を評価の対象とすることも考えられます。

ただし，パフォーマンス評価では，それぞれのパフォーマンスをどのような視点で評価するのかその基準の設定が大切になります。何がどれほどできているのか示す具体的な規準を生徒と教師が共有することで，パフォーマンス評価が，教師が指導方法や内容の振り返りを行う材料となったり，子どもたちが自らの学びの伸びを自覚して次の学習につながったりすることになります。たとえば，「CAN-DO リスト」の形での学習到達目標を用いて子どもたちが自分の学習達成度を確認したり，ルーブリックにより評価基準を提示したりすることが考えられます。

❷ 「CAN-DO リスト」の形での学習到達目標

　多くの学校では，「CAN-DO リスト」の形での学習到達目標が作成されていることと思います。下の学習到達目標の例は，岐阜県教育委員会が例示した「「外国語表現の能力」に焦点を当てた各学年の学習到達目標」の一部を示したものです。これらの到達目標に照らして，これまでの実践がどうであったかを振り返り，指導の改善を図る材料とすることができます。

　到達目標は，これまで，どちらかといえば，教師が指導計画を作成したり，授業改善を図ったりするために用いられることが主な役割となりがちであったようです。しかし，本来は，学習者が自らの学びにおいて，何がどれほどできているのか，さらに，この後どのようなことができるようになるのか，なればよいのかを自らが把握できるように活用されるためのリストでもあります。そこで，教師と生徒がともに内容を共有し，子どもたち自身が自らの学びを振り返って次の学びに向かう材料としても活用できるとよいのではないでしょうか。

　ここで示した例は，「表現の能力」に焦点を当てた学習到達目標でした。そして，「話すこと」「書くこと」それぞれの分野では，学年ごとに到達する目標を示したものです。

　これ以外にも，言語活動の活動場面に特化したリスト作りなど，技能の大くくりではなく，各技能の具体的な活動における到達目標を示すと，生徒自身が，自分の技能の高まりや学びの深まりを実感できるようになります。多様な到達目標の示し方も考えていく必要があるのではないでしょうか。

中学校「外国語（英語）科」における「外国語表現の能力」に焦点を当てた各学年の学習到達目標（例）

H26岐阜県教育員会

話すことの目標（英語）	書くことの目標（英語）
初歩的な英語を用いて自分の考えなどを話すことができるようにする。	英語を書くことに慣れ親しみ，初歩的な英語を用いて自分 の考えなどを書くことができるようにする。

やりとりの要素が強い言語活動	発表の要素が強い言語活動

【第3学年の目標】	【第3学年の目標】	【第3学年の目標】
・自分自身や家庭，学校，自分を取り巻く社会等，身近な話題について（話題） ・客観的な事実や様々な考え等に基づいた自分の意見や主張とその根拠等を（内容） ・対話がより継続・発展するよう，聞き手の理解に応じて他の表現で言い直すなどの工夫をしながら（表現方法） ・中心となる話題に関して5往復程度の対話で（程度）話すことができる。	・自分自身や家庭，学校，自分を取り巻く社会等，身近な話題について（話題） ・客観的な事実や様々な考え等に基づいた自分の意見や主張とその根拠等を（内容） ・聞き手の理解に応じて，繰り返したり，強調したりしながら（表現方法） ・中心となる話題に関して10文程度の英文で（程度）話すことができる。	・自分自身や家庭，学校，自分を取り巻く社会等，身近な話題について（話題） ・客観的な事実や様々な考え等に基づいた自分の意見や主張とその根拠等を（内容） ・文章全体の構成の中で，出だしや結び，具体例，対比，問いかけの他，根拠となるデータや事実，予想される反論とそれに対する考えなどの文を効果的に使い（表現方法） ・中心となる話題に関して10文程度の正しい英文で（程度）書くことができる。

【第2学年の目標】	【第2学年の目標】	【第2学年の目標】
・自分自身や家庭，学校，自分を取り巻く社会等，身近な話題について（話題） ・自分の経験や他教科等で学習したことに基づいた自分の考えや気持ちとその理由，また詳しい様子や特徴を表した事実等を（内容） 以下一部省略	・自分自身や家庭，学校，自分を取り巻く社会等，身近な話題について（話題） ・自分の経験や他教科等で学習したことに基づいた自分の考えや気持ちとその理由，また詳しい様子や特徴を表した事実等を（内容） 以下一部省略	・自分自身や家庭，学校，自分を取り巻く社会等，身近な話題について（話題） ・自分の経験や他教科等で学習したことに基づいた自分の考えや気持ちとその理由，また詳しい様子や特徴を表した事実等を（内容） 以下一部省略

【第1学年の目標】	【第1学年の目標】	【第1学年の目標】
・自分自身や家庭，学校，自分を取り巻く社会等，身近な話題について（話題） ・自分の考えや気持ち，身の回りの出来事等を（内容） ・聞き手を意識して強調したり，繰り返したり，新しい情報を付け加えたりして対話を継続・発展させながら（表現方法） ・中心となる話題に関して3往復程度の対話で（程度）話すことができる。	・自分自身や家庭，学校，自分を取り巻く社会等，身近な話題について（話題） ・自分の考えや気持ち，身の回りの出来事等を（内容） ・適切な声量で，基本的な音声の特徴をとらえながら（表現方法） ・中心となる話題に関して5文程度の英文で（程度）話すことができる。	・自分自身や家庭，学校，自分を取り巻く社会等，身近な話題について（話題） ・自分の考えや気持ち，身の回りの出来事等を（内容） ・文字や符号の識別，語と語の区切りなどに注意するとともに，正しい語順や文同士の適切なつながりに留意しながら（表現方法） ・中心となる話題に関して5文程度の正しい英文で（程度）書くことができる。

岐阜県教育委員会ホームページより（http://www.gifu-net.ed.jp/kyoka/eigo/toutatsu/keitou.pdf）一部抜粋

	Speech	Presentation	Interview / Chat	Debate
中3	聞いたり，読んだりしたことによって得た知識を基に自分の感想や考えを持ち，大切な言葉を強調したり，聞き手の人数や場所を意識した話し方の工夫をしたりしながら5分程度話すことができる	与えられた物事について，自分の立場だけではなく，別の事物と比較しながら根拠を明確にもち，相手と問答したり，相手の興味や意向に合わせて話したりしながら，適切に資料を用いて5分程度説明することができる。	相手の立場や状況をくみ取りながら自分の考えを述べ，お互いに話題を広げたり深めたりしながら，不自然な間がなく5分程度対話することができる。	聞いたり，読んだりした身近な内容について，自分の考えとその根拠を不自然な間がなく順序立てて話すことができる。また，相手の主張や意見に対して，できる限り即興で反論できる。
中2	（以下，省略）			
中1				

❸ルーブリックの活用

　ルーブリックは，学習評価で用いる評価の規準などを示した表のことを指します。「論点整理」では，「成功の度合いを示す数レベル程度の尺度と，それぞれのレベルに対応するパフォーマンスの特徴を示した記述語（評価規準）からなる評価基準表」のことであると説明されています。下の表は，「発表の要素が強い言語活動」を想定したルーブリックの例です。

CATEGORY	4	3	2	1
英語の発音，発話のクリアーさ	英語らしい発音で9割以上はっきりと話せている。	英語らしい発音で7割以上はっきりと話せている。	英語らしい発音で5割以上はっきりと話せている。	英語らしさにかけ，口ごもったり，理解できない部分が多くある。
表情やアイ・コンタクト	聞き手を意識して自信を持って話せている。聞き手と充分なアイ・コンタクトがあり表情豊かに話せている。	聞き手を意識して話せている。聞き手とアイ・コンタクトがあり内容に合った表情で話せている。	時々，聞き手を意識して話せている。充分ではないが，聞き手とアイ・コンタクトをとりながら話している。	聞き手を意識して，アイ・コンタクトを取りながら話すことが難しい。
内容の充実・事前調査	充分事前の調査など準備されていて，良く考えられた内容で十分な情報が含まれている。	事前の準備は良くできている。考えられた内容でおおむね必要な情報は含まれている。	充分ではないが事前準備はされている。部分的には必要な情報が含まれている。	準備が不十分である。内容に必要な情報が十分含まれていない。

スピーチのような活動を生徒に行わせた際に，どのような規準で評価を行うか例示したものです。

　「英語の発音，発話のクリアーさ」「表情やアイ・コンタクト」「内容の充実・事前調査」という３つの評価の視点（CATEGORY）を設定しています。それぞれの視点は，十分達成されている「４」から不十分である「１」の４段階で評価するようになっています。

　欧米の教育現場では，ルーブリックを活用した学習評価がすでに活用されているところが多いようです。様々な教育活動に即したルーブリックの作成を支援する教師向けのウェブなどがあり，日本語にも対応可能なサイトも存在します。それらを活用すると，評価規準のサンプルや評価の視点（CATEGORY）の例などが示されており，自分の評価しようとするパフォーマンスに合った規準づくりの参考になります。たとえば，「Rubistar」（http://rubistar.4teachers.org/index.php）という無料ウェブサイトでは，既成のサンプルを活用することも可能ですし，オリジナルのルーブリックを簡単に入力，作成することができます。

Rubistar のウエッブページとカテゴリーと評価規準の入力画面

http://rubistar.4teachers.org/index.php

❹日々の記録やポートフォリオの活用

　児童生徒の学習の過程や成果などの記録や作品を計画的・継続的にファイル等に集積して，そのファイル等を活用して児童生徒の学習状況を把握するとともに，児童生徒や保護者等に対し，その成長の過程や到達点，今後の課題等を示すことによる評価方法です。

　第２章の実践の中でもお示ししましたが，生徒は振り返りシートを記入しています。それらの振り返りシートをファイルなどにとじ込み，記入した事柄を継続的に評価していきます。

```
振り返りシート（例）
  1  英文3コマ漫画づくりでは，一生懸命，考えようとしましたか。  4  3  2  1
  2  一生懸命，書こうとしましたか。                    4  3  2  1
  3  友達の作品を見て，学んだ表現はなんですか。
  (                                                        )
  4  友達の作品を見て，感想を書きましょう。
  (                                                        )
```

　たとえば，「3　友達の作品を見て，学んだ表現はなんですか。」という項目では，生徒がどのような表現に注目したり，気づいたりしているのか評価できます。また，「4　友達の作品を見て，感想を書きましょう。」では，仲間と学び，対話的な学びの深まりを判断できる内容が書かれることが期待されます。

　この他にも，生徒が書いた英語の文章や活動の動画，録音などの記録を集積するなど，学習評価を計画的，継続的に行っていくことで，生徒の学びの深まりや協働の様子，学びに向かう力の高まりが見えてくることになります。

❺まとめ

　言葉の習得を目指す英語科の学習評価では，一度の機会ですべての評価をしようとするのではなく，継続的に様々な手段での評価の在り方を工夫していくことが必要です。これまでのペーパーテストによる評価のみでなく，教師も生徒も学びの進歩を自覚し確認していくことができるアクティブ・ラーニングにふさわしい評価の仕方を探っていきたいと思います。

（巽　　徹）

【執筆者一覧】（執筆順，所属は執筆時）

巽　　徹（岐阜大学教育学部）

山本　洋子（鳥取県境港市立第一中学校）

松本　涼一（福島県双葉町立双葉中学校）

市原　史明（鳥取県境港市立第一中学校）

瀧沢　広人（埼玉県寄居町立寄居中学校）

水﨑　綾香（岐阜県岐阜市立岐阜西中学校）

高橋　　洋（埼玉県美里町立美里中学校）

胡子美由紀（広島県広島市立井口中学校）

西村　秀之（神奈川県横浜市立南高等学校・附属中学校）

【編著者紹介】

巽　徹（たつみ　とおる）

岐阜大学教育学部英語教育講座教授。

埼玉県公立中学校の英語科教員を経て，英国教員資格 QTS（Qualified Teacher Status）取得。英国デボン州 Tavistock College 勤務の後，2007年より岐阜大学教育学部勤務。専門は英語教育学。文部省研究開発校，岐阜県英語教育強化地域拠点事業等の運営指導委員として，小中高の英語教育改善に取り組む。

〈本文イラスト〉木村美穂

アクティブ・ラーニングを位置づけた
中学校英語科の授業プラン

2016年8月初版第1刷刊　©編著者　巽　　　　徹
2016年11月初版第3刷刊　　発行者　藤　原　光　政
　　　　　　　　　　　　　　発行所　明治図書出版株式会社
　　　　　　　　　　　　　　　　　　http://www.meijitosho.co.jp
　　　　　　　　　　　（企画）木山麻衣子（校正）吉田　茜
　　　　　　　　　　　　〒114-0023　東京都北区滝野川7-46-1
　　　　　　　　　　　　振替00160-5-151318　電話03(5907)6702
　　　　　　　　　　　　　　　　ご注文窓口　電話03(5907)6668
＊検印省略　　　　　　　　組版所　長野印刷商工株式会社
本書の無断コピーは，著作権・出版権にふれます。ご注意ください。

Printed in Japan　　　　ISBN978-4-18-253021-0

もれなくクーポンがもらえる！読者アンケートはこちらから →